당신의 한 표는 안전한가?

당신의 한 표는 안전한가? | 미 정보기관이 밝힌 부정선거의 실체

펴 낸 곳 키비타스
발 행 인 유지훈
옮 긴 이 임영웅
지 은 이 GPT 5.2ⓒ
프로듀서 류효재
기    획 이연승 최지은
마 케 팅 전희정 배윤주 고은경
초판발행 2026년 02월 28일
초판인쇄 2026년 02월 20일
주소 수원시 권선구 금곡로196번길 62, 에스제이타워 305호 조인비즈 6호
대표전화 010-4161-8077 | 팩스 031-624-9588
이 메 일 ouilove2@hanmail.net
홈페이지 www.tunamis.co.kr
I S B N 979-11-94005-49-0 (03330) (종이책)
I S B N 979-11-94005-50-6 (05330) (전자책)

미 정보기관이 밝힌 부정선거의 실체

# 당신의 한 표는 안전한가?

GPT 5.2

임영웅 옮김

# YOUR VOTE SAFE?

What the FBI, CIA, and DNI Say About Trust, Interference, and Democracy

# 당신의 한 표는 정말 안전한가?

– 신뢰 조작이라는 문제

선거가 끝나면 사람들은 늘 유사한 방식으로 안심하려 한다. "개표는 정확했다." "시스템은 정상적으로 작동했다." "표가 바뀌었다는 증거는 없다." 실제로 미국 정부 문서와 수사 기록은 같은 말을 자주 반복한다. 어떤 사건의 기소문조차 "투표 수가 바뀌었거나 선거 결과가 바뀌었다는 주장을 포함하지 않는다"는 문구를 분명히 남겨둔다.

그런데도 우리는 알고 있다. 이 문장이 민심을 안정시키지 못하는 순간이 있다는 것을 말이다. 투표함이 멀쩡하다는 말이 이상하게도 불안을 더 키우는 순간이 있다.

"그럼 왜 이렇게 소란스럽지?"

"그렇다면 왜 누군가는 계속 영상과 '증거'라며 무엇인가를 내미는 걸까?"

질문이 반복되는 사회에서는 선거의 안전이 더는 기술적인 문제로만 남지 않는다. 선거의 안전은 유권자가 결과를 받아들일 수 있느냐의 문제로 바뀐다. 이러한 변화는 선언이 아니라 관찰에서 드러난다.

2024년 10월 말, 미국 정보기관은 선거를 앞두고 공개 성명을 내며 해외 개입 세력이 미국인을 분열시키고 미국 민주 체계에 대한 신뢰를 약화시키려는 의도를 유지하고 있다고 말한다. 특히 선거일이 가까워질수록 소셜미디어를 통해 영향력 공작이 강화될 것이며 그 과정에서 AI 생성 또는 AI로 '강화된' 콘텐츠가 등장할 가능성까지 언급한다. 그러면서도 같은 문서 안에서 이렇게 덧붙인다. "현재까지 해외 세력이 선거 행정의 무결성을 훼손하려는 의도를 갖고 있다는 정보는 없다." 더 나아가 설령 누군가 선거를 조작하려고 시도한다 해도 아무도 눈치채지 못한 상태로 전국 규모로 대통령 선거 결과를 바꿀 만큼 조작하는 것은 거의 불가능하다고 분석한다. 한 문서에 위협을 강조하면서도 기계적 조작 가능성은 한계가 있다는 주장이 동시에 들어가 있는 셈이다.

이 조합은 오늘의 현실을 보여준다. 위협은 존재한다. 하지만 위협은 우리가 상상하는 방식—투표함을 열고 표를 바꾸는 방식—이 아닐 공산이 크다. 오히려 같은 성명에는 "선거일에서 취임식까지" 기간을 별도로 강조하면서 해외 세력이 선거 이후에도 '미국 민주주의를 깎아내리고 결과의 정당성에 의문을 제기하는' 작전을 계속 펼칠 것이라고 말한다. 즉, 공격의 핵심 무대는 투표소가 아니라 선거 이후의 분위기, 다시 말해 수용과 정당성의 영역으로 이동했다는 신호다.

이 '분위기'는 무엇으로 조성될까. 가장 손쉬운 재료는 짧고 강한 이미지다. 2024년 11월 1일 ODNI·FBI·CISA가 함께 낸 공동성명은 이를 아주 노골적으로 보여준다. 그들은 러시아 세력이 "조지아 여러 카운티에서 아이티 출신이라고 주장하는 인물이 불법 투표를 했다"는 내용의 영상을 조작해 퍼뜨렸다고 분석했다. 조지아 주무장관이 이미 해당 영상의 주장이 거짓이라고 반박했음에도 그 영상은 '이미 본 유권자의 머릿속'에서 독자적으로 작동했다. 공동성명은 같은 맥락의 또 다른 조작 영상(특정 후보 진영 인물이 뇌물을 받았다는 내용)도 함께 언급하면서 이런 활동이 "미국 선거의 무결성에 대한 근거 없는 의문을 키우고 미국인 사이 분열을 부추기려는 더 큰 노력의 일부"라고 못 박는다. 마지막 문장에는 선거일 직전뿐 아니라 선거 이후 수주·수개월 동안에도 이런 콘텐츠가 더 나올 것이라 명시하고 있다. 여기서 중요한 건, 작전이 '개표 서버를 해킹했다'는 종류의 이야기로 시작하지 않는다는 사실이다. 대신 "불법 투표"라는 이미지 한 컷을 찍어 보여준다. 사람은 이미지에 반응한다. 반박은 문장으로 이루어진다. 이 싸움은 애당초 불리하게 전개된다. 그리고 이 격차—이미지와 문장의 속도 차이—는 신뢰 조작의 가장 강력한 원동력이 된다.

국토안보부 감찰관실(OIG) 보고서가 보여주는 현장은 더 직관적이다. 2024년 보고서는 13개 주의 선거 관계자들과 인터뷰한 결과를 실었다. 그들이 2024년 선거의 가장 큰 위협으로 가장 일관되게 꼽은 것은 사이버 공격이나 물리적 폭력이 아니라 허위정보/선전(Disinformation)이었다.

이 보고서는 국토안보부(DHS)가 선거 인프라 보안(사이버·물리적)을 강화해왔지만 허위정보 대응에서의 역할은 조정되거나 축소되었다는 점을 문제로 삼는다. 특히 CISA가 2022년 선거 이후 소셜미디어 기업들과 직접 협업해 허위정보를 다루던 방식에서 한 발 물러나, 교육·가이드·시민 리터러시(문해력) 중심으로 역할을 옮겼다는 대목은 "정부가 신뢰를 지키는 방식"이 얼마나 정치·법적 환경에 제약을 받는지를 여실히 보여준다.

앞선 모든 흐름은 결국 하나의 역설로 모인다. 정부는 "표가 바뀌지 않았다"고 말하면서 동시에 "신뢰가 공격받고 있다"고 밝힌다는 것이다. 그리고 시민은 두 문장 사이에서 갈피를 잡지 못한다. 표가 바뀌지 않았다면 왜 공격인가? 공격이라면 왜 결과는 유지되었나? 이 질문을 풀기 위해서는 선거를 "투표 당일의 이벤트"가 아니라 선거 전·당일·선거 후를 모두 포함하는 시스템으로 봐야 한다. 국토안보부 감찰관실은 선거 과정을 '사전─선거일─사후'로 나눈 도표를 제시하며 사후 단계에 결과 공표, 감사, 인증이 포함된다고 설명한다. 선거는 하루가 아니라 절차의 연속이며 이 중 어느 부분이 흔들려도 유권자의 확신은 무너질 수 있다. 그래서 "표를 바꾸지 않는 공격"이 가능해진다.

상원 정보위원회(SSCI)는 러시아가 2014년부터 2017년까지 주·지방 수준의 선거 인프라를 상대로 광범위한 활동을 벌였다 기록하면서도 보고서의 유명한 문장을 분명히 적어 두었다. "바뀐 표나 조작된 투표기의 증거는 없다."

그러나 이 보고서는 일리노이주 유권자 등록 시스템이 실제로 침해된 사례를 상세히 소개한다. 침투자는 최대 20만 명에 달하는 유권자 정보에 접근했으며, 이론적으로는 데이터를 삭제하거나 변경하는 것도 가능한 상황이었다. 다만 실제로 그런 조작이 이뤄졌다는 증거는 발견되지 않았다고 보고서는 밝힌다.

이어지는 대목은 더욱 섬뜩하다. 보고서는 …

"그들이 왜 더 과감한 행동을 하지 않았는지는 여전히 열린 질문이며, 선거에 대한 신뢰를 흔들기 위해 일부러 자신의 존재를 드러냈을 가능성도 배제할 수 없다"고 지적한다.

즉, 이 사건의 핵심은 선거 결과를 직접 바꾸는 데 있지 않을 수 있다. 오히려 **"언제든 개입할 수 있다"**는 능력을 보여주는 것, 다시 말해 조작의 '현실화'가 아니라 '가능성 자체를 과시한 것'이 진짜 목적이었을 수 있다는 의미다.

때문에 프롤로그의 질문은 단순해 보이지만 실제로는 시사하는 바가 훨씬 크다. **"당신의 표는 안전한가?"**는 "누가 표를 훔칠 수 있는가?"에 국한된 질문이 아니다. 그보다 더 무서운 질문—"결과를 믿을 수 있게 설계되어 있는가?"를 묻는다. 보안은 장치로 만들 수 있다. 하지만 신뢰는 장치만으로 생기지 않는다. 신뢰는 설명이 가능해야 하고 검증할 수 있어야 하며 무엇보다 공격이 '신뢰'를 노릴 때도 버틸 수 있어야 한다.

『당신의 한 표는 안전한가?s Your Vote Safe?』는 처음부터 끝까지

투표함 안을 들여다보는 책이 아니다. 투표함 바깥―투표함을 둘러싼 발언과 영상, 공포, 분노, 그리고 정부의 조심스러운 주장―을 들여다보는 책이다. 아울러 이 책이 선택한 출발점은 분명하다. 표를 바꾸는 기술이 아니라 사람의 믿음을 바꾸는 기술이 오늘날 선거를 가장 위태롭게 만든다.

그러니 다시 묻자. 당신의 한 표는 정말 안전한가? 단지 조작되지 않았다는 의미에서가 아니라 조작되지 않았음에도 믿을 수 있을 만큼 안전한가?

# CONTENTS

# CONTENTS

# PART 1

## "훔치지 않고도 이길 수 있다"

# CHAPTER 01

# 투표함은 건드리지 않았다

— 그럼에도 민주주의는 흔들렸다

선거 다음 날 아침, 가장 많이 눈에 띄는 문장은 의외로 단순했다.

**"투표 조작의 증거는 발견되지 않았다."**

문장은 뉴스 앵커의 입에서, 정부 보고서의 결론에서, 전문가 인터뷰의 마지막 문단에서 끊임없이 되풀이되었다. 서버는 정상적으로 작동했고 개표 결과는 일치했으며 종이 기록과 전자 기록 사이에서도 차이는 발견되지 않았다. 기술적으로 보자면 선거는 문제없이 치러진 셈이었다. 그런데 기이한 일이 벌어졌다.

사람들은 이를 믿지 않았다.

**"증거가 없다는 게 정말 없다는 뜻일까?"**
**"아직 못 찾은 건 아닐까?"**
**"완벽하게 숨겼을 수도 있잖아."**

선거가 끝난 뒤, 투표 결과를 둘러싼 논쟁은 좀처럼 가라앉지 않았다. 거리에서는 시위가 이어졌고 온라인에서는 분노와 의심이 뒤섞인 소문이 끝없이 공유되었다. 결과는 확정되었지만 확신은 사라졌다. 투표함은 그대로였는데 민주주의는 흔들리고 있었다.

우리는 오랫동안 선거 조작을 하나의 이미지나 동영상으로 상상해왔다. 어두운 방에서 누군가가 투표지를 바꿔치기하거나 해커가 키보드를 두드려 숫자를 뒤집는 장면이다. 이 이미지는 너무 익숙해서 선거가 위험하다는 말은 곧 투표가 조작된다는 뜻처럼 들린다. 그래서 사람들은 자연스럽게 묻는다. "표가 바뀌었느냐"라고 말이다.

하지만 이번 선거에서 그 질문은 어딘가 어긋나 있었다. 표는 바뀌지 않았다. 실은 여러 차례 확인이 되기도 했다. 그럼에도 사람들은 계속해서 불안해했다. 그들이 의심한 것은 결과가 아니라 결과가 만들어지는 전 과정이었다.

## "No evidence of altered votes."

투표가 조작되었다는 증거는 없다

사실을 밝히는 문장이었지만 설득에는 실패했다. 이유는 간단하다. 유권자들의 의혹에 답하지 않았기 때문이다. 사람들은 "증거가 없다"는 말에 안심하지 않았다. 오히려 "아직 밝혀지지 않은 뭔가가 있다"는 느낌이 강화되었을 뿐이다. 논리의 문제가 아니라 심리의 문제였다.

선거는 숫자의 문제가 아니다. 선거는 국민이 함께 합의한 규칙이 공정하게 작동했다는 집단적 믿음 위에서만 성립한다. 그 믿음이 무너지면 아무리 정확한 결과도 공허해진다. 그리고 그 믿음은 한 번 흔들리면 쉽게 회복되지 않는다.

여기서 한 가지 질문을 던져볼 필요가 있다. 누군가가 민주주의 국가의 선거에서 이기고 싶다면 반드시 표를 바꿔야 할까? 반드시 서버를 해킹해야 할까?

정답은 "그렇지 않다"이다. 표를 조작하는 일은 위험하다. 조작을 시도하면 흔적이 남아 들킬 가능성이 높고 설령 성공한다 해도 이후의 거센 반발로 큰 타격을 입게 된다. 반면 훨씬 쉬운 방법이 있다. 대중이 결과를 믿지 못하게 만드는 것이다. 패배한 쪽이 결과를 받아들이지 못하게 만들고 승리한 쪽조차 정당성을 끊임없이 방어하게 만드는 것이다. 이 전략의 목표는 투표함이 아니다. 사람의 머릿속이다.

선거가 끝난 뒤 확산된 수많은 의구심은 대부분 아주 사소한 형태를 띠고 있었다. "어느 지역에서 문제가 있었다더라." "이 영상 좀 봐, 뭔가 이상하지 않아?" "내 지인이 직접 겪었다는데." 각각만 놓고 보면 반박하기 어렵지 않은 이야기였다. 하지만 이 서사가 서로 연결되기 시작하면서 전혀 다른 그림이 만들어졌다.

사람들은 개별 사실을 하나하나 검증하지 않는다. 사람은 패턴을 느낀다. 그리고 그 패턴이 반복될수록 그것은 사실처럼 굳어진다. "뭔지는 모르겠지만 정상은 아닌 것 같다"는 감정이 집단적으로 확산되면 그 자체가 현실이 된다는 이야기다.

흥미로운 점은 단 하나의 결정적 증거도 필요하지 않다는 사실이다. 오히려 "아직 밝혀지지 않았다"는 말, "의문이 남아 있다"는 표현, "완전히 배제할 수 없다"는 문장이 반복될수록 불신은 커진다. 명확한 거짓보다 모호한 의심이 더 강력하게 작동했다.

민주주의의 가장 큰 약점이 여기에 있다. 민주주의는 무언가를 강제로 믿게 할 수가 없다. 독재는 강제로 복종을 요구할 수 있지만 민주주의는 동의를 필요로 한다. 결과를 받아들이는 것도 규칙을 인정하는 것도 다음 선거를 기다리는 것도 모두 자발적인 선택인 것이다.

그래서 민주주의를 무너뜨리는 가장 효과적인 방법은 제도를 파괴하는 것이 아니라 사람들이 제도를 더는 선택하지 않게 만드는 것이다. 선거 제도는 유지되지만 선거에 대한 신뢰는 사라진다. 이 상태에서 선거는 사회를 통합하지 못하고 오히려 분열의 계기가 된다.

선거는 그렇게 끝났다. 이겼지만 진 것 같은 승자, 졌지만 인정하지 않는 패자, 그리고 어느 쪽도 온전히 믿지 못하는 유권자만 남았다. 투표함은 건드리지 않았다. 그럴 필요가 없었기 때문이다.

민주주의에서 진짜 승리는 득표수가 아니라 수용이다. 사람들이 결과를 받아들이고 다음으로 나아갈 수 있을 때 선거는 비로소 완성된다. 수용이 사라진 순간, 결과는 숫자만 남는다.

첫 번째 결론은 분명하다. 선거는 표로 끝나지 않는다. 그리고 바로 이 지점에서 현대 선거는 새로운 전쟁의 한가운데로 들어섰다. 투표함은 멀쩡했지만, 균열은 이미 시작되고 있었다.

# CHAPTER 02
## 해킹은 목적이 아니었다
— 정찰, 탐색, 그리고 메시지

2016년 여름, 여러 주(州)의 선거 담당자들이 공통된 경험을 했다. 서버 로그에 낯선 접속 시도가 찍혔고 웹사이트에는 평소보다 훨씬 많은 요청이 쏟아졌다. 어떤 곳에서는 SQL 인젝션 같은 전형적인 공격 패턴이 보였고[1] 어떤 곳에서는 단순한 페이지 열람과 목록 훑기가 반복되었다. 대규모 침입도 눈에 띄는 데이터 파괴도 없었다. 대신 "문을 두드리는 소리"만 남았다.

그해 가을, 연방 당국은 최소 21개 주의 선거 관련 시스템이 해외 세력의 표적이 되었을 가능성을 공개적으로 알렸다. 이는 곧 중요한 단서를 남겼다. 투표 집계 시스템은 포함되지 않

---

1   미 국토안보부와 연방수사국(FBI)는 2016년 대선 기간 중 다수 주의 선거 관련 시스템을 대상으로 한 스캔 및 침투 시도가 있었음을 사후 보고서에서 확인했다.

았다는 점이다. 표를 세는 핵심 장비는 건드리지 않았고 대개
는 유권자 등록 데이터베이스나 공개 웹 자원에 집중돼 있었
다. 그리고 무엇보다 이 활동의 상당 부분은 은밀하지 않았다.

여기서 의문이 생긴다. 왜 공격 세력은 굳이 들키는 해킹을 했
을까? 숙련된 공격자라면 흔적을 지우는 법을 안다. 그럼에도
로그에 남을 만큼 노골적인 시도를 반복한 이유는 무엇일까?

답을 찾기 위해 사건의 시각을 바꿔 보자. 이것을 '침투'가
아니라 정찰로 보면 관점이 달라진다. 정찰은 파괴를 목표로
하지 않는다. 정찰의 목적은 지도를 그리는 것이다. 어떤 문
이 열려 있는지, 어떤 문은 잠겨 있는지, 누가 경보를 울리는지,
그리고 무엇보다 상대가 무엇을 중요하게 여기는지를 알아내
는 일이다.

상원 정보위원회의 보고서는 이 활동을 "광범위한 스캐닝
과 취약점 탐색"으로 규정한다. 특정 주를 골라 정밀 타격한
흔적은 없었고 오히려 무작위에 가까운 분산 시도가 반복되었
다. 당시 국가안보 관계자들은 이 패턴을 두고 "주별로 다른
시스템의 지형을 이해하기 위한 네트워크 맵핑"이라고 분석했
다. 다시 말해, 공격의 결과가 아니라 공격의 존재 자체가 의미
를 갖는 작전이었다.

이 전략은 한 주의 사례에서 특히 선명해진다. 일리노이주

유권자 등록 시스템은 실제로 침투를 당했다. 공격자는 수십만 명 규모의 유권자 정보에 접근했고 기술적으로는 삭제나 변경도 가능했다. 그러나 흔적은 남았고 결국 공개되었다. 조사 결과는 명확했다. 표가 바뀌었다는 증거는 없었다. 그럼에도 사건은 전국적인 파문을 일으켰다. 이유는 간단하다. 침투가 가능했다는 사실만으로도, "의혹을" 상상하게 만들었기 때문이다. 보고서는 이 상황을 이렇게 요약한다. 공격 세력이 더 노련하지 않았다는 사실 자체가 능력을 과시하고 신뢰를 흔들기 위한 선택일 수 있다는 것이다.

여기서 정찰의 두 번째 기능이 드러난다. 정찰은 정보를 모으는 동시에 메시지를 남긴다.

### "우리는 여기까지 올 수 있다."

문장은 코드로 적히지 않는다. 로그에, 알림에, 브리핑에 남는다. 그리고 메시지는 기술자보다 시민에게 더 크게 전달된다.

실제로 당시 연방 경보는 기술적 세부사항을 담고 있었다. 의심 IP 목록, 탐지 패턴, 권고 조치. 문제는 이 정보가 어떻게 사회로 확산되었는가였다. 경보는 "심각하지만 제한적"이라는 뉘앙스를 담았지만 대중의 기억에는 "외국 해커가 선거 시스템을 노렸다"는 문장만 남았다. 사실과 공포 사이의 간극이 여기서 벌어진다.

정찰의 세 번째 기능은 반응을 관찰하는 것이다. 누가 신속히 차단하는지, 누가 뒤늦게 알리는지, 주 정부와 연방 정부 사이의 소통은 매끄러운지 등. 이 과정에서 공격 주체는 기술적 취약점뿐 아니라 제도적 취약점을 간파한다. 분산된 선거 시스템은 회복력을 주지만 동시에 대응 속도와 메시지의 일관성을 저해할 수 있다. 보고서가 반복해서 지적하듯, 주도권이 주(州)에 있는 구조에서는 경보의 전달과 해석이 제각각일 수밖에 없다.

마지막으로 남는 것은 기억이다. 스캐닝은 끝났고 시스템은 복구되었으며 선거는 종료되었다. 하지만 "들렸던 노크 소리"는 사라지지 않는다. 선거가 다가올 때마다 누군가는 그 여름을 떠올린다. "그때도 뭔가 있었잖아." 이 기억은 다음 작전의 토양이 된다. 공격은 한 번으로 끝나지 않는다. 정찰은 다음 이야기를 준비한다.

해킹은 목적이 아니었다. 목적은 지도였고 반응이었고 메시지였다. 그리고 메시지는 투표함이 아니라 유권자의 확신을 겨냥했다.

# CHAPTER 03
# 한 주의 데이터베이스가 털렸을 때
## — 실제 침투는 무엇을 보여줬는가?

침투는 숫자로 시작하지 않았다. 처음 알려진 것은 보고서가 아니라, 현장 담당자의 짧은 해명이었다. "외부 접속이 확인됐다." "데이터베이스에 접근한 흔적이 있다." 그 말이 전해진 순간 질문은 하나로 수렴했다. 무엇이 바뀌었는가?

며칠 뒤 공개된 조사 결과는 명확했다. 바뀐 것은 없었다. 유권자 등록 기록은 그대로였고, 삭제된 항목도, 조작된 데이터도 발견되지 않았다. 투표 집계 시스템은 애초에 침투 대상이 아니었고 선거 결과에도 직접적인 영향은 없었다. 기술적으로 보자면 사건은 통제된 사고였다. 그러나 현장의 분위기는 보고서와 달랐다.

**"정말 아무것도 안 건드렸을까요?"**

이 질문은 기술자가 아니라 유권자의 입에서 나왔다. 유권자 등록 시스템은 투표 이전의 세계다. 투표소에 들어가기 전, 이름이 있는지 확인하는 목록이다. 그래서 시스템이 뚫렸다는 소식은 결과보다 먼저 사람들의 상상력을 자극했다. 이름이 지워졌다면? 주소가 바뀌었다면? 특정 지역에서만 문제가 생겼다면? 실제 그런 일은 없었지만 없었다는 사실은 질문을 멈추게 하지 못했다.

침투 이후, 각 주의 선거 사무소에는 평소와 다른 문의가 이어졌다. 자신의 등록 상태를 다시 확인해 달라는 요청, 혹시 문제가 있었던 것 아니냐는 전화. 시스템은 정상 작동하고 있었지만 사람들의 태도는 달라졌다. 선거는 더 이상 당연한 절차가 아니었다. 확인해야 할 대상이 되었다.

기술자들은 반복해서 해명했다. 데이터는 훼손되지 않았고 로그는 남아 있으며 조사 결과는 일관된다고 말이다. 하지만 해명이 길어질수록 대중의 기억에는 다른 문장만 남았다.

**"접근은 가능했다."**

묘하게 힘이 센 말이다. 무엇을 했는지는 중요하지 않았다. 어디까지 갈 수 있었는지가 상상 속에서 부풀어 올랐다. 침투는 과거의 사건이 아니라 언제든 반복될 수 있는 현재의 가능성처럼 인식되었다.

이때부터 사건의 성격은 바뀐다. 보안 사고가 아니라 신뢰 사건이 된다. 결과는 바뀌지 않았지만 결과를 둘러싼 확신이 약해졌다. 누군가는 "다행히 이번엔 아니었다"고 말했고 다른 누군가는 "다음엔 다를 수 있다"고 판단했다. 같은 사실이 다른 결론으로 번역된 셈이다.

현장에서 느껴진 불안은 특정 정당이나 진영에만 속하지 않았다. 그것은 모호했기에 그래서 더더욱 널리 확산되었다. 선거를 믿는다는 말 앞에 작은 조건이 붙기 시작했다.

"이번에는"

"지금까지는"

침투는 실패한 공격이었을까? 현장의 감각은 그렇지 않다고 말한다. 아무것도 바꾸지 않았음에도 이미 무언가가 달라졌기 때문이다. 선거를 바라보는 시선, 질문의 방향, 해명이 요구되는 방식이 바뀌었다.

목록은 그대로였다. 서버도 복구되었고 선거는 예정대로 치러졌다. 그러나 여름 이후, 선거는 조용히 개시되지 않았다. 사건이 남긴 것은 조작된 데이터가 아니라 사라지지 않는 의혹이었다. 그리고 민주주의에서 의혹은 때때로 결과보다 오래 남는다.

# 왜 대만은 끝까지 수개표를 고집했는가?

– 기술의 문제가 아니라 신뢰의 문제였던 선택

대만 선거를 처음 접한 사람들은 종종 같은 질문을 던진다. "반도체와 디지털 기술로 세계를 이끄는 사회가 왜 아직도 종이 투표와 수개표를 고집하는가?"라고 말이다. 전자정부가 일상화된 나라에서 왜 선거만은 유독 아날로그인가?

기술적인 답은 없는 질문이다.
대만의 수개표는 기술의 부족이 아니라 기술을 어디까지 믿을 수 있는가에 대한 판단에서 비롯된 선택이기 때문이다. 대만에서 수개표는 오래된 전통의 관성으로 남아 있는 제도가 아니다. 이는 민주주의로 이행하는 과정에서 내려진 의식적인 결단이었다. 계엄과 장기 집권을 거친 후, 대만 사회가 처음으로 마주한 과제는 선거를 치르는 것이 아니라 선거를 모두가 받아들일 수 있게 유도하는 것이었다.

권위주의 체제에서 선거는 형식일 뿐이다. 결과는 미리 정해져 있었고 절차는 신뢰의 대상이 아니었다. 민주화 이후에도 그런 기억은 쉽게 사라지지 않았다. 국가 기관이 선거를 관리한다는 사실 자체가 의심의 대상이 될 수 있는 사회에서 기술은 중립적인 도구로 받아들여지기 어려웠다. 특히 보이지 않는 기계와 코드에 결과를 맡기는 방식은 공정하더라도 공정해 보이기 어렵다는 문제가 있었다. 그래서 대만이 던진 질문은 단순했다.

"이 제도가 정확한가?"가 아니라, "패배한 쪽도 결과를 받아들일 수 있는가?"

대만이 선택한 답은 놀라우리만치 직관적이었다. 종이를 접어 투표를 하고 투표가 끝나면 곧바로 투표소에서 공개적으로 수개표를 실시한다. 표는 봉인된 상자에서 꺼내고 사람의 손으로 하나하나 펼치며 참관인과 시민 앞에서 한 장씩 읽힌다. 숫자는 중앙 서버에서 내려오는 것이 아니라 눈앞의 탁자 위에서 발표된다.

이 방식은 느리고 번거롭다. 행정 비용도 크고 선거 관리자의 부담도 적지 않다. 그러나 이 제도에는 강력한 효능이 있다. 결과를 해명할 필요가 없다는 점이다.

대만의 수개표는 해명이 아니라 이미지다. 개표는 논쟁이 아니라 목격으로 검증된다. 이 이미지를 본 사람은 결과에 동의하지 않을 수는 있어도 "과정을 몰랐다"고 말하기는 어렵다. 신뢰는 기술 문서나 전문가 인터뷰가 아니라 공동의 경험에서 조성된다.

수개표 방침을 이해하려면 대만이 놓인 환경을 빼놓을 수 없다. 대만 선거는 언제나 내부 정치만의 문제가 아니었다. 선거 결과는 곧 국가의 정체성과 국제적 지위, 그리고 외부 세력과의 관계를 의미했다. 그만큼 선거의 정당성은 지속적인 외부 공격의 대상이 되어 왔다. 이런 환경에서 전자투표는 효율성 여부의 문제가 아니었다.

"외부에서 개입했을 수 있다", "기계가 조작되었을 수 있다", "코드를 검증할 수 없다"는 주장은 사실이 아니더라도 전략적으로는 치명적일 수 있었다. 대만은 그 가능성을 선거 제도의 중심에서 제거하기로 했다. 기술 논쟁이 불거질 무대를 사전에 원천 차단하겠다는 것, 그것이 수개표의 전략적 의미였다.

따라서 대만의 수개표는 보안 장치라기보다는 서사 차단 장치에 가깝다. 공격 세력은 "기계를 의심하라"고 말할 수가 없게 되었다. 공격은 서사의 영역, 정체성과 여론의 영역으로 이동한다. 실제로 대만 선거는 매번 외부 개입 의혹과 정보전에 노출되어 왔지만 어떤 주장은 늘 힘을 얻지 못했다. "표가 바뀌었다"는 주장 말이다. 이는 구조적으로 설득력을 잃었다. 너무 많은 사람이 개표 장면을 지켜보았기 때문이다.

대만 민주주의가 완벽하다는 이야기는 아니다. 선거 이후에도 사회는 분열되고 정체성을 둘러싼 갈등은 계속된다. 하지만 갈등은 결과 자체를 무효화하는 데까지는 쉽게 나아가지 못한다. 수개표는 민주주의를 공격에서 해방시킬 수는 없어도 공격을 견디게 만들었다.

대만의 선택은 우리에게 불편한 질문을 던진다.
우리는 효율성을 위해 무엇을 포기하고 있는가? 빠른 결과를 위해 해명이 필요한 제도를 택하고 있는 것은 아닌가? 아울러 패배한 쪽이 결과에 승복하지 못할 때 우리는 무엇으로 그들을 설득할 수 있을까?

대만은 이렇게 답했다. "해명하지 않아도 되는 절차를 만들자."
『당신의 한 표는 안전한가?』가 반복해서 말해온 결론이 여기에
응축되어 있다. 민주주의는 가장 진보한 기술이 아니다. 민주주
의는 많은 사람이 납득할 수 있어야 유지된다. 대만의 수개표는
수용과 인정을 제도의 중심에 둔 선택이었다. 그리고 그 선택은
오늘날 선거가 직면한 위협이 기술이 아니라 신뢰라는 사실을 가
장 조용하지만 분명하게 입증하고 있다.

# PART 2

## "가장 강력한 무기는 사람이다"

# CHAPTER 04
## 트롤은 사람처럼 말한다
— 가짜 계정이 진짜 시민이 될 때

어느 날 모니터 화면에 이런 글이 뜬다.

**"나는 평생 이 지역에서 살아왔다."**
**"문제는 좌우익이 아니다."**
**"이건 상식의 문제다."**

문장은 차분하고 어조는 일상적이고 감정은 절제돼 있다. 댓글에는 고개를 끄덕이는 반응이 달리고 누군가는 자신의 경험을 덧붙인다. 대화는 자연스럽게 이어진다. 여기에는 해커의 흔적도, 외국어의 어색함도 없다. 그저 '사람'이 말하는 것처럼 보일 뿐이다. 하지만 사람은 존재하지 않았다.

2016년을 전후해 드러난 조직화된 온라인 위장 작전의 핵심은 기술이 아니었다. 그들은 서버를 공격하지 않았고 투표기를 건드리지도 않았다. 대신 인간의 육성을 만들었다. 그리고 그 목소리를 충분히 자주, 충분히 그럴듯하게 배치했다.

상원 정보위원회의 조사에 따르면, 러시아에 기반을 둔 조직은 수백 명 규모의 인력을 동원해 수천 개의 계정을 운영한 것으로 드러났다. 각 계정은 실제 미국 시민처럼 행동하도록 세밀하게 설계되었다고 한다. 계정은 정치 이야기만 하지 않았다. 요리 사진을 올리고 스포츠 이야기를 나누는가 하면 아이 이야기와 직장과 상사의 불만을 공유하기도 했다. 그러다 어느 순간, 아주 자연스럽게 정치가 섞이는 식이었다.

작전의 가장 중요한 목표는 '설득'이 아니었다. 그보다 더 근본적인 목표는 분위기와 느낌이었다.


**"사람들이 이렇게 생각하고 있구나."**

**"주변의 평범한 시민도 다들 화가 나 있네."**


여론은 실제로 무엇을 믿느냐보다 누가 말하고 있는 것처럼 보이느냐에 더 크게 좌우된다. 가짜 계정은 늘 자신을 '대표하지 않는 개인'으로 포장했다. 정치 조직도 아니고 전문가도 아니며 운동권도 아니라고 강조했다. "나는 평범한 엄마다." "나는 군 복무를 마친 평범한 사람이다." 이런 자기소개는 그럴싸했다. 민주주의 사회에서 가장 신뢰받는 화자는 전문가가 아니라 크게 내세울 것이 없는 이웃이기 때문이다.

평범한 이웃처럼 말하는 계정이 충분히 많아지면 사람들은 돌연 질문을 바꾼다. "이 주장이 맞나?"가 아니라 "많은 사람이 이렇게 말하는데 내가 틀린 건 아닐까?"라고 말이다. 이러한 전환이 일어나는 순간, 여론은 사실의 경쟁이 아니라 존재의 경쟁이 된다.

조사 보고서가 밝힌 바에 따르면, 각 계정은 특정 이슈를 무작위로 다루지 않았다고 한다. 인종이나 이민, 총기 혹은 종교처럼 사회를 갈라놓고 있던 쟁점을 집요하게 파고들었다는 이야기다. 중요한 점은 어느 한쪽을 일관되게 지지하지는 않았다는 것. 같은 조직이 양쪽의 분노를 동시에 키운 셈이다. 목적은 합의가 아니라 충돌이었기 때문이다.

가짜 계정이 진짜 시민처럼 보이게 만드는 데에는 규칙이 있었다. 노골적인 거짓말은 피했고 사실과 의견을 섞었으며 감정을 앞세우되 과장하지 않았다. 그리고 무엇보다, 다른 계정과 서로 대화했다. 스스로 댓글을 달고 서로를 인용하며 작은 공동체를 만들어냈다. 바깥에서 보면 하나의 '여론 덩어리'처럼 보이게끔 설계된 구조였다.

이렇게 만들어진 여론은 실제 시민들의 참여를 끌어들였다. 진짜 유권자가 댓글을 달고 공유하고 논쟁에 뛰어들었다. 그 순간부터 경계는 흐려지게 마련이다. 가짜와 진짜가 섞인 공간에서는 누가 처음 말을 꺼냈는지가 중요하지 않다. 중요한 것은 어떤 분위기가 조성되었는가다.

이 같은 작전의 가장 섬뜩한 성과는 숫자가 아니라 이미지이다. 상원 보고서는 온라인에서 시작된 메시지가 오프라인 집회와 시위로 이어진 사례를 기록했다. 조직은 직접 사람을 동원하지는 않았다. 대신 "이런 모임이 있다"는 정보를 흘렸고 진짜 시민들이 스스로 모였다. 가짜 계정은 무대 뒤로 물러났지만 이미지는 곧 현실이 되고 말았다.

여기서 우리는 질문해야 한다.

**여론은 어디에서 만들어지는가?**

투표소 밖에서? 방송국에서? 혹은 플랫폼의 알고리즘 안에서? 아니면 스스로 "주변 사람이 이렇게 생각한다"고 느끼는 순간?

가짜 계정의 힘은 논리를 이기는 데 있지 않다. 그 힘은 존재감을 만드는 데 있었다. 민주주의에서 다수는 투표로 결정되지만 여론은 분위기와 느낌으로 조성된다. 그리고 그 느낌은 아주 소수의 잘 설계된 목소리로도 충분히 흔들릴 수 있다.

4장에서 필자가 보여주고 싶은 사실은 단순하다. 가장 강력한 무기는 코드가 아니라 사람처럼 말하는 목소리라는 것. 투표함은 건드리지 않았고 서버도 망가지지 않았다. 대신 "누가 말하고 있는가"에 대한 감각이 무너졌을 뿐이다. 시민은 더는 시민을 알아보지 못하게 되었고 그 틈에서 여론은 낯선 손에 의해 빚어지고 말았다.

# CHAPTER 05

## 분노는 알고리즘을 타고 퍼진다

— 플랫폼이 증폭한 갈등

처음에는 누구도 "거짓말"이라 생각하지 않았다. 글은 자극적이었지만 아주 터무니없지는 않았고 영상은 짧았지만 맥락을 완전히 벗어나 보이지도 않았다. 무엇보다도, 이들은 너무 자주 눈에 띄었다. 타임라인을 새로 고칠 때마다 추천 영상을 넘길 때마다, 같은 감정의 결이 반복해서 나타났다. 분노, 억울함, 배신감. 그리고 그 감정은 점점 익숙해졌다.

사람들은 흔히 허위정보를 문제의 중심에 놓는다. 틀린 사실이나 조작된 주장, 혹은 거짓말 목록을 만들고 이를 삭제하면 해결될 것처럼 말한다. 하지만 실제로 선거를 둘러싼 혼란에서 더 위험했던 것은 무엇이 거짓이었는가가 아니라 무엇이 더 빨리, 더 멀리 확산되었는가였다.

상원 정보위원회의 조사 결과는 이 점을 분명하게 보여준다. 러시아에 기반을 둔 온라인 작전은 특정 후보를 설득하기보다는 이미 사회를 갈라놓고 있던 이슈에 집중했다. 인종이나 이민 문제를 둘러싼 주제들이었다. 해당 이슈는 이미 감정의 온도가 높았고 플랫폼 알고리즘은 그 온도를 감지하는 데 탁월했다. 분노와 공포, 분열을 자극하는 콘텐츠일수록 더 많은 반응을 유도해냈고 반응은 다시 확산의 연료가 되었다.

여기서 알고리즘은 악당으로 등장하지 않았다. 알고리즘은 설득을 위해 만들어진 것이 아니라 관여도를 끌어올리기 위해 설계되었다. 더 오래 머물게 하고 더 자주 클릭하게 하고 더 많이 반응하게 만드는 것이 목표였다. 문제는 관여도가 높은 감정이 무엇이었느냐는 점이다. 평온보다는 분노가, 합의보다는 갈등이, 맥락보다는 단절된 이미지가 더 잘 작동했다.

해당 보고서에 따르면, 이 작전은 무작위로 콘텐츠를 뿌리지 않았다. 특정 집단을 정밀하게 겨냥했다. 그중에서도 가장 집중적으로 타깃이 된 집단은 아프리카계 미국인이었다. 보고서는 페이스북 광고의 다수가 인종 관련 표현을 구사했고, 가장 높은 참여를 끌어낸 페이지와 계정이 인종 정체성과 분노를 결합한 메시지를 반복적으로 유포했다고 기록한다. 같은 조직은 동시에 정반대의 정체성을 겨냥한 콘텐츠도 배포했다. 목적은 한쪽의 승리가 아니라 양쪽의 분노를 동시에 키우는 것이었다.

이때 중요한 역할을 한 것은 '맞춤'이었다. 플랫폼은 사용자의 반응을 기억한다. 무엇을 오래 보았는지, 무엇에 댓글을 달았는지, 무엇을 공유했는지를 학습한다. 그러면 다음에는 비슷한 감정의 콘텐츠를 더 많이 보여준다. 이용자는 자신이 선택했다고 느끼지만, 실은 선택을 강화하는 구조 안에 들어간 셈이다. 같은 이슈라도 다른 사람 화면에는 전혀 다른 모습으로 나타난다. 사회는 하나의 대화를 나누지 않고 여러 개의 평행한 분노를 키운 꼴이다.

이 구조는 허위정보를 제거해도 쉽게 무너지지 않는다. 어떤 게시물이 삭제되어도 비슷한 감정의 게시물이 곧바로 자리를 채운다. 사실 확인은 느리고 확산은 빠르다. 보고서가 지적하듯, 허위정보의 영향력은 내용 자체보다 확산의 패턴에서 나온다. 감정이 증폭되는 구조가 유지되는 한 메시지는 형태를 바꿔 계속 흘러갈 것이다.

특정 사례를 보면 이 메커니즘은 더 분명해진다. 예컨대, 인종과 경찰 폭력이라는 주제를 다룬 페이지는 분노를 호소하는 게시물로 빠르게 성장했다. 댓글과 공유가 폭발적으로 늘어날수록 플랫폼은 페이지를 더 많은 유저에게 추천했다. 그 결과, 일부 페이지는 수백만 건의 반응을 얻으며 '여론의 중심'처럼 보이게 되었다. 그러나 중심에는 실제 시민의 자발적 조직이 아니라 확산을 계산한 소수의 운영자가 있었다.

이때 진짜 시민은 방관자가 아니었다. 그들은 분노했고 공감했고 몸소 참여했다. 바로 그 참여가 알고리즘을 움직인 것이다. 가짜 계정이 던진 불씨는 진짜 사람의 반응을 만나 훨씬 큰 불로 번졌다. 어느 순간부터 불씨를 처음 던진 주체가 누구인지는 중요하지 않게 된다. 분노는 스스로 확산된다.

이러한 현상은 선거에만 국한되지 않았다. 선거가 끝난 뒤에도 같은 구조가 작동했다. 결과에 대한 불복, 제도에 대한 불신, 상대 진영에 대한 혐오가 반복해서 추천된 것이다. 정보기관과 선거 당국이 "결과는 바뀌지 않았다"고 해명할수록, 해명은 감정의 흐름을 따라잡지 못했다. 알고리즘은 해명이 아닌, 반응과 의혹을 증폭했다.

그렇다면 무엇이 더 위험한가? 거짓말인가? 아니면 거짓말이 더 빨리 확산되도록 설계된 구조인가? 조사 결과가 보여주는 답은 분명하다. 확산 구조가 유지되는 한, 메시지는 언제든 대체가 가능했다. 오늘은 허위정보가, 내일은 과장된 사실이, 모레는 선택적으로 편집된 진실이 같은 경로를 탈 것이다.

민주주의는 토론을 전제로 한다. 그러나 토론은 공론의 장이 있을 때만 가능하다. 알고리즘이 분노를 기준으로 사람을 갈라놓을 때 사회는 서로 다른 현실을 살게 된다. 이때 여론은 집단적 판단이 아니라 증폭된 감정의 합이 된다.

선거를 흔든 것은 몇 개의 거짓말이 아니라 분노가 보상받는 구조요, 그 구조가 정치적 의도와 만나면 아주 능률적인 무기가 될 것이다.

# CHAPTER 06
## 거리로 나온 온라인 선동
— 디지털 메시지가 행동이 되는 순간

온라인에서 확산된 말이 거리로 나오는 순간, 말은 더 이상 말이 아니다. 말은 이미지가 되고 사진이 되고 뉴스가 된다. 그리고 한 번 현실이 된 이미지는 다시 온라인으로 돌아가 더 큰 맹신을 만들 것이다. 이러한 순환이 완성되는 순간 선동은 성공한다.

처음에는 아주 소소해 보인다. 게시물 하나, 이벤트 페이지 하나, "이날 이곳에서 모이자"는 문장 하나. 명령이 아니라 제안이나 당부처럼 보인다. 참여를 강요하지도 않는다. 분위기를 만들 뿐.

**"많은 사람이 분노하고 있다."**

**"누군가는 행동할 준비가 되어 있다."**

사람들은 행동보다는 고립되지 않으려는 감정에 반응한다. 상원 정보위원회의 조사 기록은 이 점을 여실히 보여준다. 러시아에 기반을 둔 온라인 작전 세력은 사람을 직접 동원하지 않았다. 대신 가짜 계정이 미국 시민인 것처럼 행동하며 집회와 시위를 '홍보'했다. 어떤 계정은 경찰 폭력에 분노하는 시민의 목소리를 흉내 냈고 어떤 계정은 같은 날 같은 도시에서 분노에 맞서는 집회를 홍보했다. 놀라운 점은, 두 집회가 모두 실제로 열렸다는 사실이다.

이 작전의 정교함은 여기서 드러난다. 조직은 현장에 나타나지 않았다. 마이크를 잡지도 않았거니와 깃발을 들지도 않았다. 대신 무대를 설계했다. 무대에 오르는 사람은 진짜 시민이었다. 그들이 느낀 분노와, 두려움, 정의감은 모두 진심이었다. 그래서 그 이미지는 더욱 설득력이 있었다.

선동이 성공하는 조건은 단순하다. 사람들이 "이건 내가 선택한 행동"이라고 느끼는 순간이다. 누군가에게 시키면 반발이 생기지만 스스로 결정했다고 믿으면 정당성이 생기게 마련이다. 온라인 선동은 바로 이 지점을 노린다. 명령 대신 공감, 지시 대신 분위기. "우리 같은 사람은 이렇게 느낀다"는 메시지가 반복되면 행동은 자연스러운 단계가 된다.

보고서에 따르면, 일부 온라인 페이지와 계정은 집회 장소를 정하고 포스터 이미지를 만들고 시간표를 공유했다고 한다. 심지어는 현장에서 복창할 구호와 복장에 대한 암시도 남긴 것으로 드러났다. 하지만 결정적인 순간에는 항상 한 발 물러섰다. "누가 주최한다"는 말은 하지 않았다. 주최자는 늘 모호했다. 그 덕분에 집회는 자발적 시민 행동으로 보였다.

이 연결 고리는 알고리즘과 결합되며 더욱 강력해졌다. 이벤트 게시물에 반응한 사람에게는 비슷한 콘텐츠가 계속 추천되었다. 참여 의사를 밝힌 사람은 같은 생각을 가진 사람의 게시물을 더 자주 보게 되었고 그 과정에서 확신은 더더욱 강화되었다. 온라인에서의 작은 동의가 오프라인 행동의 문턱을 낮췄다.

중요한 점은 이 모든 과정에서 거짓말이 필수는 아니었다는 것이다. 게시물 중 상당수는 사실의 일부를 차용했을 뿐이다. 실제 사건이나 실제 불만 혹은 실제 갈등 등. 다만 이를 한 방향으로만 배열했다. 그러다 보니 복잡한 맥락은 사라지고 감정만 남았다. 감정이 거리로 나온 것이다.

정보기관의 분석은 이 현상을 "정보의 무기화"라고 부른다. 해킹으로 얻은 자료를 공개하는 것만이 아니라 이미 공개된 감정과 사건을 행동으로 전환시키는 과정 자체가 공격이라는 뜻이다.

선동이 실패하는 사례도 있다. 메시지가 너무 노골적일 때 출처가 의심스러울 때 혹은 사람들이 이미 피로해졌을 때다. 반면 선동이 성공하는 순간에는 항상 공통점이 있다. 메시지가 기존의 분노와 정확히 맞물릴 때 그리고 분노를 표현할 물리적 공간이 제시될 때다. "여기서, 지금"이라는 좌표가 생기면 온라인의 감정은 현실의 발걸음으로 바뀐다.

선거는 이때 다시 한 번 전환기를 맞는다. 투표는 끝났지만 정치적 에너지는 거리로 이동한다. 결과에 대한 논쟁은 제도 안에서 해결되지 못한 채, 광장과 도로 점거로 표출된다. 그 이미지는 재촬영되어 온라인으로 퍼지고, 곧 "보라, 사람들이 이렇게나 분노하고 있다"는 주장의 증거로 소비된다. 이 이미지는 또 다른 분노를 자극함으로써 또 하나의 집회를 낳는다. 이렇게 만들어진 이미지는 다시 기록되고 공유되며 처음의 분노가 정당했다는 인식을 강화한다. 분노는 증거가 되고 증거는 다시 분노를 부른다. 이 과정에서 악순환은 끊임없이 강화된다.

국토안보부와 정보기관도 이 점을 우려했다. 결과를 바꾸지 못하더라도 사회적 갈등을 물리적 충돌 리스크까지 끌어올릴 수 있다면 민주주의의 비용은 급격히 상승한다는 것.

그래서 "거리로 나온 온라인 선동"은 선거 개입의 부차적인 현상이 아니다. 이는 완성 단계로 봄직하다. 말이 행동이 되고 행동이 이미지가 되며 이미지가 다시 여론을 바꾸는 순간, 선동은 목표를 달성할 것이며, 목표는 특정 후보의 승리가 아니라 사회 분열이 지속되는 상태가 될 것이다.

선동은 언제 성공하는가? 답은 명확하다. 사람들이 이를 선동이라고 의식하지 않을 때다. 오로지 나의 분노이고 나의 선택이고 나의 행동이라고 인식하는 순간, 선동은 가장 자연스러운 얼굴로 현실에 나타날 것이다.

# 대한민국에서의 부정선거 논지와 반론
−그것이 영화가 되었을 때

대한민국의 선거를 둘러싼 논쟁은 특정 선거에서 갑자기 시작된 것이 아니다. 이는 제도·기술·정치적 불신이 오랜 시간에 걸쳐 누적되며 표면으로 드러난 결과다. 특히 2010년대 후반 이후, 일부 선거 결과를 둘러싸고 "부정선거"라는 주장이 공개적으로 제기되었고 그 논지는 법정과 언론을 거쳐 영화관까지 확산되었다. 이 논쟁을 이해하려면 주장의 논지가 무엇인지부터 차분히 살펴볼 필요가 있다.

## 핵심 논란

부정선거를 주장하는 편의 논지는 한 가지가 아니다. 다만 몇 가지 반복되는 축이 있다.

첫째는 전자개표 장비에 대한 불신이다. 대한민국은 종이 투표를 하지만, 개표 과정에서 전자개표기가 보조적으로 사용된다. 여기서 "사람이 직접 세지 않는다"는 인식이 형성되었고 기계의 작동 방식이 국민에게 직관적으로 보이지 않는다는 점이 의심의 출발점이 되었다. 일부는 전자개표기가 표 분류에 개입하거나 결과를 왜곡할 수 있다는 가능성을 제기했다.

둘째는 개표 과정의 가시성 문제다. 투표는 공개적으로 이루어지지만 개표는 체육관이나 개표소 안에서 진행되며 참관 제도가 존재함에도 "모든 과정을 충분히 볼 수 없었다"는 체감이 일부 시민 사이에서 공유되었다. 이는 "절차가 불투명하다"는 주장으로 확장되었다.

셋째는 통계적 · 결과적 이상 주장이다. 특정 지역의 득표 분포, 사전투표와 본투표 간의 격차, 과거 선거와의 비교 등을 근거로 "자연스럽지 않다"는 주장이 제기되었다. 이 주장은 기술적인 설명보다는 직관적인 확률과 패턴 이상에 호소하는 경우가 많았다. 넷째는 선거관리기관에 대한 불신이다. 중앙선거관리위원회가 선거 전반을 관리 · 감독하는 구조 속에서 "기관이 정치적으로 중립적인가"라는 의문이 제기되었다. 이 논지는 결과 자체보다 기관의 신뢰성을 문제 삼는 방향으로 발전했다.

이 모든 주장에 공통된 정서는 하나다. "우리는 해명을 충분히 듣지 못했다"는 것이다.

## 공식 반론과 제도적 대응

이에 대해 선거관리기관과 사법부는 반복적으로 반론을 제시해 왔다. 가장 중요한 반론은 투표와 개표의 구조적 분리다. 대한민국의 투표는 종이로 이루어지며 전자개표기는 분류를 보조할 뿐 최종 확인은 사람의 눈과 손으로 이루어진다는 점이 강조되었다. 개표 과정에는 정당 추천 참관인이 참여하고 이의 제기와 재검표 제도가 법적으로 보장되어 있다는 점도 반복해서 설명되었다.

아울러 법원은 여러 차례의 선거 무효 소송과 가처분 신청을 심리한 끝에 부정이 있었다고 볼 만한 증거가 없다는 판단을 내렸다. 전자개표기 조작 가능성, 결과 왜곡 주장, 통계적 이상치 주장은 법적 증명 기준을 충족하지 못했다는 것이 판결의 요지였다.

선거관리기관 역시 전자개표기의 작동 원리와 검증 절차 및 무작위 수검표 등을 공개하며 "결과가 조작되었을 가능성은 없다"고 반박해 왔다. 제도적으로는 하자가 없다는 입장이 일관되었다.

물론 이 반론에는 한 가지 한계가 있었다. 기술적으로는 충분했지만 심리적으로는 설득력이 부족했다는 점이다.

### 논쟁이 영화가 될 때

논쟁은 결국 스크린으로 옮겨갔다. 대표적으로 다큐멘터리 영화 「부정선거, 신의 작품인가?」, 「왜, 더 카르텔」은 부정선거 주장을 집약적으로 제시하며 대중적 파장을 불러일으켰다. 두 영화는 기술적인 의혹을 비롯하여 통계 분석, 개표 장면의 편집 등을 통해 "설명이 되지 않는 부분"을 강조했다.

영화의 힘은 주장 자체보다 형식에 있었다. 복잡한 기술 설명 대신 시각적 이미지와 내러티브를 활용, "전문가가 말한다"는 구도를 통해 신뢰를 구축했다. 관객은 판결문이 아니라 서사를 접하게 되었다. 이에 대응해 「부정선거, 신의 작품인가?」에 대한 반론 성격의 영상과 해설 콘텐츠도 등장했다. 이들은 영화의 편집 방식, 통계 해석 오류, 제도적 설명을 반박하며 "영화가 과정을 왜곡했다"고 주장했다. 그러나 반론은 대부분 텍스트와 해명에 의존했고 원작 영화만큼의 파급력을 갖기는 어려웠다. 이 지점에서 중요한 사실 하나가 드러난다. 논쟁의 무대가 더는 법정이 아니었다는 것.

## 논쟁이 의미하는 것

대한민국의 부정선거 논쟁은 실제로 부정이 있었는지 여부와는 별개로 이 책이 다루는 핵심 질문을 여실히 드러낸다.

제도는 안전하다고 해명했는가? 그렇다.
해명은 충분히 납득되었는가? 그렇지 않다.

문제는 증거가 아니라 신뢰의 부재였다. 법적 반론은 사실을 말했지만 사실을 왜 믿어야 하는지에 대한 체감 가능한 해명은 제공하지 못했다는 것이다. 그 틈을 영화와 서사가 채웠다. 논쟁은 한국만의 특수한 사례가 아니다. 이는 전자개표기를 사용하는 혼합형 모델이 공통으로 겪는 문제—"조작 가능성보다 설명 가능성의 위기"—를 보여주는 사례다.

대한민국의 부정선거 논쟁은 이렇게 요약할 수 있다. 결과를 바꾸는 데 성공했기 때문이 아니라 결과를 해명하는 데 실패했다고 느껴졌기 때문에 논쟁이 지속된 것이다. 그리고 영화는 이 실패를 서사로 재구성했다. 민주주의를 표방하는 국가에서 반드시 해결해야 할 문제가 하나 있다. 선거는 정확해야 하지만 정확해 보이기도 해야 한다는 것이다. 법적 정당성만으로는 충분하지가 않다. 국민이 "나는 이해했다"고 말할 수 있어야 비로소 선거는 종료된다. 이것이 대한민국 사례가 책에 포함되어야 하는 이유다. 이는 어느 한쪽의 주장을 옹호하기 위해서가 아니라, 현대 민주주의가 어디에서 흔들리는지를 가장 선명하게 보여주기 때문이다.

# PART 3

## "국가는 무엇을 알고 있었는가?"

# CHAPTER 07
## 처음엔 아무도 심각하게 보지 않았다
### — 정보기관의 오판과 한계

2016년 여름까지 많은 사람들은 이미 심상치 않은 일이 벌어지고 있다는 느낌을 받고 있었다. 이메일이 유출되었고 온라인에서는 정체를 알 수 없는 계정이 정치적 논쟁에 끼어들고 있었기 때문이다. 일부 주(州)에서는 선거 관련 시스템에 대한 의심스러운 접근 시도가 보고되고 있었다. 그러나 이러한 신호는 단일 위협으로 묶이지 않았다. 오히려 각각은 익숙한 범주 안에 정리되었다. 해킹은 해킹으로, 허위정보는 여론 문제로, 선거는 정치의 영역으로 구분된 것이다.

정보기관도 마찬가지였다. 초기 경보가 작동하지 않은 이유는 정보가 없어서가 아니었다. 정보는 이미 존재하고 있었다. 문제는 정보를 어떻게 이해했느냐였다.

상원 정보위원회의 조사에 따르면, 2016년 초·중반까지 미국 정보공동체는 해외의 사이버 활동을 주로 전통적인 의미의 첩보 활동, 즉 정보 수집으로 인식했다. 정당과 후보 캠프를 노린 해킹은 "미래 정책을 예측하기 위한 스파이 행위"로 해석되었고, 이는 과거에도 반복되어 온 국가 간 관행의 연장선으로 간주했다. 선거를 흔들기 위한 정치 개입이라는 개념은 아직 명확히 자리를 잡지 못했다.

인식의 틀은 결정적인 순간에 문제를 일으켰다. 민주당 전국위원회(DNC) 네트워크에 대한 침투 사실이 언론을 통해 공개되었을 때조차, 상당수의 고위 관계자들은 이를 "불쾌하지만 익숙한 일"로 받아들였다. 실제로 일부 정책 담당자는 해당 침투 사건을 기존의 외교·안보 영역에서 다뤄야 할 사안으로 보고, 선거 과정 자체와 직접 연결짓지는 않았다. 정보가 '정치'로 넘어오는 순간 의미가 달라지는데 바로 그 경계에서 판단이 늦어진 것이다.

첩보와 정치 개입의 경계는 단순한 개념의 차이가 아니다. 첩보는 국가가 감내해 온 불쾌한 현실이지만 정치 개입은 민주주의의 근간을 흔드는 행위다. 전자는 비밀리에 대응할 수 있지만 후자는 공개적 경고와 제도적 대응을 요구한다. 문제는 2016년 당시, 많은 신호탄이 여전히 첩보의 언어로 해석되고 있었다는 것이다.

정보기관 내부에서도 상황을 한눈에 파악하기는 쉽지 않았다. 상원 보고서는 당시 정보 분석이 여러 갈래로 나뉘어 따로 이루어졌다고 지적한다. 사이버 부서는 네트워크에 대한 침투 시도를 추적했고 다른 부서는 온라인에서 확산되는 선전과 여론 조작을 살폈다. 또 다른 부서는 외교적 움직임과 국제 정세를 분석하고 있었다.

문제는 정보들이 각자 따로 존재했다는 점이었다. 각 부서는 자신이 보고 있는 조각만을 쥐고 있었고 그것이 서로 어떻게 연결되는지는 바로 드러나지 않았다. 여러 단서가 하나의 이야기로 묶이기까지는 시간이 필요했다. 그러는 사이 시간은 흘렀고 선거일은 점점 가까워지고 있었다.

더 큰 제약은 정치적 환경이었다. 선거를 앞둔 시점에서 정부가 외국의 개입 가능성을 공개적으로 경고하는 것은 극도로 민감한 행위였다. 상원 조사에 따르면, 백악관과 정보기관은 공개 경고가 되레 선거의 정당성에 대한 의심을 키울 수 있다며 우려를 표명하고 있었다. "경고가 공격자의 목적을 대신 달성해 줄 수 있다"는 판단이 실제 대응을 지연시켰다.

이 과정에서 정보기관은 또 하나의 난관에 부딪혔다. 확신의 수준이었다. 첩보는 본질적으로 불완전하다. 분석에는 항상 불확실성이 남는다. 그러나 정치 개입을 공식적으로 선언하려면 높은 수준의 확신이 필요했다. 각 보고서는 "추가 정보가 들어올 때까지 기다리는 선택"이 반복되었음을 보여준다. 그 기다림은 분석의 신중함이었지만 동시에 대응의 공백이기도 했다.

결정적인 전환점은, 해킹된 정보가 단순히 수집되는 데 그치지 않고 공개적으로 무기화되기 시작했을 때였다. 이메일이 공개되고 그것이 정치적 맥락에서 소비되며 온라인 선전과 결합되자 비로소 많은 분석가들은 이것이 전통적 첩보가 아니라 선거를 겨냥한 작전이라는 점을 인식하게 되었다. 하지만 그때는 이미 상당한 시간이 흐른 뒤였다.

여기서 지적하는 오판은 무능의 문제가 아니다. 이는 범주의 문제였다. 기존의 개념—첩보, 해킹, 외교—으로는 새로운 형태의 위협을 정확히 해명할 수 없었다. 정보기관은 익숙한 언어로 낯선 현상을 해석했고 그 결과 리스크의 성격을 과소평가하고 말았다.

그래서 초기 경보가 작동하지 않은 이유는 단순했다. 경보는 있었지만, 그것이 어떤 종류의 경보인지는 아무도 확신하지 못했다. 첩보로 보느냐, 정치 개입으로 보느냐에 따라 대응은 전혀 달라지게 마련이다. 그 경계에서의 혼란이 가장 중요한 시간을 흘려보낸 것이다.

# CHAPTER 08
## 말하면 더 위험해질까?
— 침묵을 선택한 이유

경고는 언제나 옳아 보인다. 위험을 알리고, 대비하게 하고, 피해를 줄이는 것이 정부의 역할처럼 느껴진다. 하지만 2016년 선거를 앞둔 몇 달 동안, 미국 정부 내부에서는 정반대의 질문이 반복해서 제기되었다. "지금 말하는 것이 정말 더 안전한가?"

정보는 점점 쌓이고 있었다. 외국 행위자가 정치 조직을 해킹했고, 그 자료가 공개되기 시작했으며, 온라인에서는 정체를 알 수 없는 계정들이 분열을 부추기고 있었다. 일부 주의 선거 인프라에서는 의심스러운 접근 시도도 보고되었다. 퍼즐 조각은 충분히 많았다. 문제는 그 퍼즐을 언제, 어떤 방식으로 국민 앞에 펼쳐야 하는가였다.

상원 정보위원회의 조사에 따르면, 백악관과 정보기관 고위층은 선거 전 공개 경고를 두고 극심한 내부 논쟁을 벌였다. 한쪽에서는 "지금 경고하지 않으면 나중에 더 큰 혼란이 온다"고 주장했고, 다른 한쪽에서는 "지금 말하면 공격자의 목표를 대신 달성해 주는 셈"이라고 우려했다. 이 논쟁의 핵심에는 하나의 역설이 있었다. 경고가 방어가 아니라 공격이 될 수 있다는 가능성이었다.

당시 정부가 가장 두려워한 시나리오는 명확했다. 선거 직전에 정부가 "외국이 선거에 개입하고 있다"고 공개적으로 발표할 경우, 그 자체가 선거의 정당성을 흔드는 도화선이 될 수 있다는 점이었다. 특히 한 후보가 이미 "선거가 조작될 수 있다"는 주장을 반복하고 있던 상황에서, 정부의 경고는 정치적 중립성을 의심받을 위험이 컸다. 상원 보고서는 이 시기를 "극도로 정치화된 환경"이라고 표현하며, 어떤 발언도 즉시 정치적 해석의 대상이 되는 상황이었음을 강조한다.

그래서 논쟁은 단순히 "알릴 것인가 말 것인가"의 문제가 아니었다. 어떻게 알릴 것인가, 그리고 누가 알릴 것인가가 핵심이었다. 정보기관은 확신의 수준을 문제 삼았다. 첩보는 항상 불완전하며, 공개 경고에는 높은 확실성이 요구된다. 일부 분석가들은 "아직 모든 퍼즐이 맞춰지지 않았다"고 판단했고, 그 판단은 공개 발언을 늦추는 근거가 되었다.

또 하나의 우려는 확대 효과였다. 공개 경고는 국민을 보호할 수도 있지만, 동시에 공격자의 메시지를 증폭시킬 수도 있다. "외국이 선거를 흔들고 있다"는 공식 발표는, 공격자가 퍼뜨리고자 했던 바로 그 의심—선거가 신뢰할 수 없다는 인식—을 정부 스스로 확인해 주는 꼴이 될 수 있었다. 보고서는 이를 "러시아의 더 큰 목표를 대신 수행해 줄 위험"으로 표현한다.

이 때문에 정부 내부에서는 침묵이 적극적 선택으로 간주되기 시작했다. 아무 말도 하지 않는 것이 무대 뒤에서 대응하는 것보다 안전할 수 있다는 판단이었다. 대신 선택된 전략은 조용한 경고였다. 러시아 측에 직접 경고 메시지를 전달하고, 주(州) 정부와 선거 관계자들에게는 비공개로 보안 강화를 요청하는 방식이었다. 국민 전체를 상대로 한 공개 발표는 최대한 늦추거나, 모호한 표현으로 제한했다.

이 선택은 당시로서는 합리적으로 보였다. 실제로 고위 관계자들은 선거일까지 "최악의 시나리오"—투표 집계 시스템에 대한 직접적 조작—가 발생하지 않았다는 점을 들어, 이러한 억제 전략이 일정 부분 효과를 냈다고 평가했다. 그러나 이 평가는 시간이 지나면서 다른 질문을 낳았다. 침묵은 혼란을 막았는가, 아니면 준비할 시간을 놓치게 했는가?

선거가 끝난 뒤, 이메일 유출과 온라인 선동의 전모가 더 분명해지자 비판의 방향은 바뀌었다. "왜 더 일찍 말하지 않았는가?"라는 질문이 제기되었다. 상원 보고서는 이 지점을 냉정하게 정리한다. 선거 전의 침묵은 이해 가능한 선택이었지만, 그 선택이 결과적으로 국민이 상황을 이해하고 대비할 기회를 제한했을 가능성도 부정할 수 없다고 말한다.

이 장에서 중요한 것은 누가 옳았는지를 가리는 일이 아니다. 중요한 것은 민주주의 사회에서 경고의 기능이 단순하지 않다는 사실이다. 경고는 정보를 전달하는 행위이지만, 동시에 신호를 만든다. 그 신호는 국민에게만 전달되는 것이 아니라, 공격자에게도 전달된다. 그리고 때로는 그 신호 자체가 공격의 일부가 된다.

"말하면 더 위험해질까?"라는 질문은 그래서 지금도 유효하다. 공개 경고는 투명성을 높이지만, 신뢰를 흔들 수 있다. 침묵은 단기적 안정을 주지만, 장기적 불신을 키울 수 있다. 2016년의 선택은 이 두 위험 사이에서 내려진 결정이었다.

이 장이 보여주는 것은 국가의 비겁함이 아니라 딜레마다. 민주주의는 시민의 신뢰 위에서 작동하지만, 그 신뢰를 지키기 위해 무엇을 말하고 무엇을 숨길지에 대한 기준은 명확하지 않다. 그리고 그 불확실성 속에서, 국가는 때로 가장 조심스러운 선택—아무 말도 하지 않는 선택—을 한다.

다음 장에서는 이 침묵과 제한적 경고가 실제 현장에서 어떤 결과를 낳았는지를 살펴본다. 연방 정부와 주 정부 사이의 간극은 어떻게 드러났고, 그 틈은 어떤 취약점으로 이어졌는가.

# CHAPTER 09
## 연방 정부와 주 정부 사이
### — 분산 시스템의 강점과 취약점

선거를 둘러싼 가장 흔한 오해 중 하나는 누군가가 중앙에서 모든 것을 관리하고 있다는 생각이다. 하나의 서버, 하나의 지휘부, 하나의 버튼으로 말이다. 그러나 미국 선거는 애초에 그렇게 설계되지 않았다. 선거는 연방 정부의 것이 아니라 주(州)의 권한이다. 투표 방식도, 장비도, 절차도 주마다 다른 데다 때로는 같은 주 안에서도 카운티마다 다르다. 이 구조는 민주주의의 산물이며 동시에 민주주의의 시험대가 되기도 한다.

분산 구조는 오랫동안 장점처럼 간주되어 왔다. 하나의 중앙 시스템이 무너지면 전체가 흔들리는 국가들과는 달리, 미국의 선거는 분산되어 있다. 한 곳이 공격을 받아도 다른 곳은 영향을 받지 않는다는 것. 연방 정부가 반복해서 강조해 온 논리도 여기에 있다. "선거를 대규모로 조작하는 것은 거의 불가능하다." 실제로 공동 정보기관은 해외 세력이 아무도 모르게 은밀히 전국 단위의 선거 결과를 바꾸는 것은 현실적으로 어렵다고 결론지어 왔다.

그러나 2016년을 거치면서 장점은 다른 얼굴을 드러냈다. "누가 선거를 지키는가?"라는 질문 앞에서 분산은 책임의 분산이 되고 말았다.

여름과 가을, 각 연방 기관은 주 정부에 여러 차례 경고를 보냈다. 의심 IP 목록, 취약점 정보, 보안 권고 등을 전파한 것. 문제는 경고가 어디까지 전달되었는가였다. 상원 정보위원회의 조사에 따르면, 연방 정부는 주 정부에 "기술적 지표"를 제공했지만 지표가 왜 중요한지, 어떤 맥락에서 나왔는지에 대한 설명은 충분하지 않았다고 한다. 일부 주의 최고 선거 책임자들은 자신이 표적이 되었다는 사실조차 나중에서야 알았다고 증언했다.

이 간극은 단순한 소통 문제를 넘어선다. 주마다 역량의 차이가 컸기 때문이다. 어떤 주는 전문 사이버 보안 인력을 갖추고 있었고 연방의 경보를 즉시 분석해 차단 조치를 취한 반면, 어떤 주는 소규모 팀이나 외주 업체에 의존하고 있었으며 로

그를 제대로 분석할 여력조차 없었다. 같은 경보가 어떤 곳에서는 "즉각 대응해야 할 위협"으로 감지되었고 다른 곳에서는 "평소에도 오는 수많은 알림 중 하나"로 묻힌 것이다.

국토안보부 감찰관실(OIG)의 보고서는 이러한 현실을 더 노골적으로 드러낸다. 2024년 보고서에서 당국은 여러 주의 선거 관계자들이 "정보는 받았지만 무엇을 의미하는지 명확하지 않았다"고 보고했음을 밝혔다. 연방 정부는 선거 인프라를 '중요 기반시설'로 지정하며 지원을 확대했지만 실제 현장에서는 그 지원이 일관된 보호로 이어지지는 못했다는 평가다.

정보 공유의 문제는 기술적인 경보에만 국한되지 않았다. 책임의 경계도 불분명했다. 연방 정부는 "선거는 주의 권한"이라는 원칙을 존중해야 했고 주 정부는 "연방의 개입"에 경계심을 가졌다. 그 결과, 어느 순간에도 "우리가 최종 책임자다"라고 말하는 주체는 나타나지 않았다. 위협은 존재했지만, 대응은 각자였다.

이러한 구조는 공격자에게는 기회로 작용했다. 분산은 공격을 어렵게 만들지만 혼란을 만들기는 오히려 쉽다. 어느 한 주의 취약점이 곧바로 전국의 취약점이 되지는 않지만 "어디선가 문제가 있었다"는 소문은 순식간에 전국으로 퍼질 수 있다. 상원 보고서는 일부 주의 사례가 다른 주의 불안을 증폭시키는 데 활용되었음을 지적한다. 사실과 무관하게 주별 격차 자체가 메시지가 된 것이다.

연방 정부는 선거 직전에야 이 문제를 공개적으로 다루기 시작했다. 선거 인프라를 보호하기 위한 지원을 강조하고 결과를 조작하려는 시도는 없었다고 해명했다. 그러나 이미 균열이 생긴 뒤였다. 시민의 눈에는 "연방은 말하고 주는 다르게 행동한다"는 인상이 남았다. 이 인상은 곧 "누가 책임지는가"라는 의문으로 이어졌다.

분산 시스템의 또 다른 취약점은 속도였다. 연방 차원의 분석과 주 차원의 대응 사이에는 시간차가 불가피했다. 어떤 주는 침해 사실을 발견하고도 연방에 보고하기까지 시간이 걸렸고, 연방은 해당 정보를 다른 주에 전달하는 데 또 시간이 필요했다. 이 과정에서 정보는 타이밍을 놓치면서 현장은 뒤늦은 대응에 몰리고 말았다.

그럼에도 필자는 분산 구조를 단순히 실패로 규정하지 않는다. 같은 구조 덕분에 선거 당일의 대규모 조작은 발생하지 않았다. 중앙이 없었기에 단번의 공격으로 모든 것을 망가뜨릴 수는 없었다는 것이다. 문제는 어디를 지키느냐의 정의가 바뀌었는데도 구조는 여전히 과거의 기준에 머물러 있었다는 점이다.

연방 정부는 시스템을 지켰고 주 정부는 절차를 지켰다. 그러나 그 사이에 놓인 신뢰를 지키는 주체는 분명치가 않았다. 공격은 바로 그 틈을 노렸다. "주마다 다르다"는 사실은 민주주의의 다양성이자 동시에 의심을 키우는 원자재가 되었다.

결론은 냉정하다. 분산은 안전을 보장하지 않는다. 분산은 조건일 뿐이다. 그 조건 위에서 누가 책임지고 누가 설명하며 누가 신뢰를 관리하는지가 정해지지 않는다면 분산은 장점이 아니라 되레 취약점이 될 것이다.

## 일본은 왜 부정선거가 공론화되지 않는가?

일본도 부정선거론자가 아주 없지는 않다. 이 사실부터 분명히 밝혀야겠다. 개표가 오래 걸린다는 불만, 사전투표와 당일투표의 차이에 대한 의문, 특정 지역의 득표 분포가 자연스럽지 않다는 주장까지, 형식만 놓고 보면 다른 민주국가에서 등장하는 이야기들과 크게 다르지 않다. 인터넷 공간에는 이를 다루는 블로그와 영상도 있다.

그런데 일본에서는 각종 주장이 공론으로 확대되지 않는다. 언론의 주요 의제가 되지도 않거니와 유력 정치인이 이를 채택하지도 않으며 제도 안으로도 진입하지 못한다. 일본의 사례는 "부정선거 주장이 있는가?"가 아니라, "왜 그것이 힘을 얻지 못하는가?"를 묻는 데 의미가 있다.

그 이유는 제도의 완벽함에 있다기보다는 정치와 사회가 이를 어떻게 취급하는가에 있다. 일본 정치 문화에서 선거 패배는 빠르게 처리된다. 패배한 후보는 결과에 승복하고, 당 대표나 간부는 책임을 지고 물러난다. 이 과정은 법이 아니라 관행에 가깝다. 선거 결과를 부정하는 태도는 "정당성을 지키는 용기"로 해석되기보다는 책임을 회피하는 행동으로 읽히기 쉽다. 그래서 불복은 명분이 아니라 불명예가 된다.

이 같은 문화적 맥락 속에서 부정선거 주장은 정치적 자산이 되지 못한다. 일본에서는 선거 결과를 의심한다고 해서 지지층이 크게 결집하지도 않고 정치적 영향력이 확대되지도 않는다. 오히려 당내 신뢰를 잃고 언론의 비판 대상이 되며 정치적 고립을 자초할 가능성이 크다. 다시 말해, 불복은 보상받지 못하는 선택이다.

선거 제도 역시 이 인식을 강화한다. 일본은 종이 투표와 수기 개표를 유지하며 개표 과정은 공개적으로 이루어진다. 무엇보다 중요한 것은 언론의 태도다. 일본 언론은 선거 보도에서 '당선 확실(推定)'과 '당선 확정(確定)'을 명확히 구분한다. 결과가 늦어져도 "문제가 있어서"가 아니라 "아직 집계하고 있기 때문"이라는 공감대가 유지되고 있는 것이다. 느림이 곧 의심으로 전환되지 않는다.

매우 중요한 포인트다. 많은 민주국가에서 결과 발표의 지연은 곧 불신의 신호로 해석되기도 한다. 그러나 일본에서는 기다림이 정상적인 절차의 일부로 받아들여진다. 이러한 사회적 합의 덕분에 개표 과정의 속도는 정치적 공격의 소재가 되기는 어렵다.

또 하나의 요소는 외부 환경이다. 일본은 민주주의 국가이지만 선거 결과 하나로 외교 노선이나 국가 정체성이 급격히 흔들리는 구조는 아니다. 따라서 외부 세력이 선거 불신을 대규모로 증폭시킬 전략적 유인이 상대적으로 낮다. 정보전의 최우선 표적이 되지 않는다는 점은, 내부 담론의 온도를 낮추는 데 기여한다.

이 모든 요소가 결합되면서 일본의 부정선거 주장은 존재하지만 고립된 상태로 남는다. 말할 수는 있지만 반복해도 힘을 얻지 못한다. 제도와 문화, 정치적 보상 구조가 주장을 흡수하거나 증폭시키지 않기 때문이다. 이 사례는 중요한 교훈을 준다. 부정선거 담론의 확산 여부는 선거가 얼마나 완벽했는지보다는 담론이 정치적으로 보상되는지에 달려 있다는 것이다. 증거의 유무보다 중요한 것은 그 주장이 정치 엘리트에 의해 채택되는가, 제도 안으로 들어오는가, 아니면 지속 가능한 서사로 유지되는가다.

일본에서는 세 가지 조건이 충족되지 않는다. 때문에 부정선거 주장은 공론화될 수가 없다. 일본 선거가 특별히 더 완벽해서가 아니라, 패배를 부정하는 정치가 이익이 되지 않도록 설계된 사회이기 때문이다. 이 점에서 일본은 필자의 핵심 논지를 암묵적으로 뒷받침한다. 민주주의에서 위험한 것은 의심 자체가 아니라, 의심이 정치적 전략으로 제도화되는 순간이다. 일본에서는 그 순간이 오지 않는다. 그리고 바로 그 대목이 부정선거가 공론화되지 않는 결정적인 이유로 봄직하다.

# PART 4

## "새로운 전장은 이미 열렸다"

# CHAPTER 10
## 가짜 영상은 언제 진짜가 되는가?
— AI와 시각적 허위정보

사람은 대개 말보다 이미지를 믿는다. "백문이 불여일견"이라는 속담이 있듯이 발언은 의심해도 눈앞의 영상에는 본능적으로 고개를 끄덕인다. 그래서 "증거를 보여달라"는 요구는 늘 이미지로 귀결된다. 사진 한 장, 짧은 클립 하나. 그 순간 토론은 끝난 것처럼 보인다. 문제는 그 장면이 진짜인지 아닌지를 가늠하는 기준 자체가 흔들리고 있다는 것이다.

2024년 선거를 앞두고 정보기관은 이를 반복해서 경고해왔다. 선거가 가까워질수록 해외에서 영향력을 행사하는 세력은 소셜미디어를 통해 분열을 키우려 할 것이며 그 과정에서 AI로 생성되거나 AI로 강화된 콘텐츠가 등장할 가능성이 크다고 밝혔다. 그러면서도 동시에 선거 행정의 무결성을 직접 훼손하려는 의도는 확인되지 않았다고 덧붙였다. 의미심장한 대비를 이루는 진술이다. 결과를 바꾸는 대신, 보이는 것의 신뢰를 바꾸는 쪽으로 전장이 이동했음을 시사한다.

경고는 추상적이지 않았다. 선거를 불과 며칠 앞둔 시점, 정보기관과 수사기관은 공동 성명을 통해 구체적인 사례를 공개했다. 러시아 세력이 조작된 영상을 만들어 퍼뜨렸다는 보고였다. 영상에는 자신들이 특정 출신이라고 주장하는 인물이 불법 투표를 했다는 내용이 담겨 있었다. 주 선거 당국은 즉각 반박했다. 영상의 주장은 거짓이었다. 그러나 반박은 늘 영상보다 늦게 도착한다. 이미 본 유권자들의 머릿속에서 이미지는 독립적으로 작동하고 있었다.

여기서 한 가지 의문이 떠오른다. 가짜 영상은 언제 진짜가 되는가? 답은 단순하다. 사람들이 이를 사실 확인의 대상이 아니라 '경험'으로 받아들이는 순간이다.

합성 영상의 위력은 정교함이 전부가 아니다. 완벽하지 않아도 된다. 오히려 약간의 흔들림과 어색한 각도, 스마트폰으로 찍은 듯한 품질이 더 그럴듯하게 느껴지기도 한다. 사람들은 고화질 스튜디오 영상보다 거리에서 찍힌 것 같은 클립에 더 쉽게 마음을 빼앗겨버린다. "이건 누군가가 우연히 찍은 것"이라는 감각이 신뢰를 만든다.

각종 이미지는 혼자 움직이지 않는다. 영상은 텍스트와 결합되고 텍스트는 해설을 제공한다. "영상이 의미하는 바는 이것이다." 해설은 중립적이지가 않다. 분노와 공포, 배신감을 정확히 겨냥한다. 알고리즘은 감정을 감지하고 더 많은 화면으로 확산시킨다. 그렇게 가짜 영상은 플랫폼의 구조를 타고 진실처럼 순환한다.

정보기관이 우려한 것은 순환이었다. 선거일 직전과 직후, 그리고 결과가 확정된 이후까지 이어지는 기간 동안, 시각적 허위정보는 선거 결과에 대한 의문을 끊임없이 재점화할 수 있다. 영상은 "이미 일어난 일"처럼 보이기 때문에 사실 확인이 끝나도 의심은 남는다.

새로운 현상을 이야기하는 것이 아니다. 과거에도 사진은 조작되었고 영상은 편집되었다. 그러나 AI는 속도와 규모를 바꾸어 놓았다. 과거에는 한 장의 이미지를 만들기 위해 전문 기술이 필요했지만 이제는 몇 줄의 지시(혹은 프롬프트)만으로 수십 개의 변형된 영상이 만들어진다. 하나가 삭제되면 비슷한 것이 곧바로 나타난다. 이때 중요한 것은 완벽한 속임수가 아니라 지속적인 의심이다.

상원과 행정부 보고서는 이를 공통으로 지적하고 있다. 해외 세력이 전개하는 작전의 목표는 "완벽하게 속이는 것"이 아니라 무엇이 진짜인지 판단하는 비용을 높이는 것이다. 사람들은 점차 피로해져 결국에는 말한다. "어차피 다 조작일 수 있잖아." 이는 진실이 무엇이든 믿지 않겠다는 선언에 가깝다. 선거가 공정했는지 입증되더라도 해명을 받아들이지 않겠다는 뜻이기 때문이다. 이런 태도가 확산되면 민주주의는 취약해져 방어선을 잃게 된다. 선거 결과를 방어하는 최후 기준이 증거와 절차에서 감정과 불신으로 바뀌기 때문이다. 아무리 제도가 제대로 작동해도 사람들이 결과를 믿지 않는다면 선거는 공동의 합의가 되지 못한다.

가짜 영상의 또 다른 리스크는 시간을 바꾸는 능력이다. 텍스트는 맥락을 요구하지만 영상은 즉각적이다. 몇 초 만에 감정이 조성되고 공유 버튼은 생각보다 빠르다. 반박이 나오기까지, 영상은 이미 수천 번 재생된다. 그리고 재생 횟수는 "많은 사람이 봤다"는 신뢰의 근거로 오해하기 쉽다.

이때 "보는 것조차 믿을 수 없게 될 때"라는 질문은 추상적인 철학이 아니다. 이는 선거 관리 실무와도 직결된다. 선거 당국이 아무리 정확한 절차를 해명해도 화면 속 이미지 하나가 해명을 압도할 수 있다. 기술적 무결성과 의식의 무결성 사이의 간극이 여기서 벌어진다.

필자가 쓰고자 하는 결론은 분명하다. 새로운 전장은 투표소가 아니라 시각적 현실이다. 가짜 영상은 단순한 거짓이 아니다. 이는 사람들이 현실을 해석하는 방식을 바꾸는 도구이고, 그 도구가 충분히 반복될 때 진짜와 가짜의 구분은 중요하지 않게 된다. 중요한 것은 의심이 지속되는 상태다.

# CHAPTER 11

## 선거는 하루, 공격은 몇 년

— 전후를 가리지 않는 작전

선거는 하루로 끝난다. 투표소가 닫히고 개표는 완료되며 승패는 숫자로 확정된다. 달력 위의 하루가 지나면 제도적 의미에서 선거는 종료된다. 그러나 공격은 여기서 멈추지 않는다. 오히려 그때부터가 본격적인 시작인 경우가 허다하다.

오랫동안 간과되어온 사실이 그렇다. 선거 개입을 이야기할 때 우리는 자연스레 투표 전과 투표 당일에 시선을 고정한다. 누가 표를 바꾸려 했는지, 시스템은 안전했는지, 개표는 정확했는지 말이다. 하지만 최근의 정보 분석 결과를 보면 한결같이 다른 방향을 가리킨다. 공격의 중심은 결과가 확정된 이후의 시간으로 이동하고 있다.

2024년 가을, 미국 정보공동체는 선거를 불과 며칠 앞두고 공개한 평가 보고서에서 이 점을 분명히 밝혔다. 해외 개입 세력들은 선거일 전뿐 아니라 선거일 이후부터 취임식에 이르기까지 작전을 지속할 가능성이 높으며 그 목적은 결과를 바꾸는 것이 아니라, 결과의 정당성을 약화시키는 것이라고 분석했다. 이는 공격의 시간표를 다시 쓰는 선언에 가깝다.

왜 선거가 끝난 뒤에도 공격은 계속되는가? 이유는 간단하다. 결과는 바뀌지 않아도 의미는 바뀔 수 있기 때문이다.

선거 직후는 민주주의에서 가장 취약한 시기다. 패배를 승복해야 하는 쪽과 승리를 정당화해야 하는 쪽이 동시에 존재한다. 법적 절차는 진행 중이고 인증과 소송 재검표 같은 제도적 단계도 이어진다. 이 모든 과정은 합법적이지만 외부에서 보면 "아직 끝나지 않았다"는 인상을 주기 쉽다. 공격 세력은 바로 이 회색지대를 노린다.

정보기관의 분석에 따르면, 선거 이후의 작전은 몇 가지 공통된 패턴을 따르는 것으로 나타났다. 첫째, 결과 자체를 부정하기보다는 과정에 의문을 제기한다.

**"결과가 어떻게 나왔는지 해명이 불가하다."**
**"아직 검증이 끝나지 않았다."**

**"문제가 제기되고 있다."**

이 같은 발언은 사실일 수도, 아닐 수도 있지만 중요한 것은 의심을 유지하는 데 있다.

둘째, 공격은 한 가지 메시지로 밀어붙이지 않는다. 오히려 서로 다른 이야기가 병렬로 흘러간다. 어떤 것은 법적 문제를, 어떤 것은 기술적 가능성을, 어떤 것은 정치적 음모를 암시한다. 각 담론은 서로 충돌해도 상관없다. 목적은 일관성이 아니라 피로감이니까. 사람들이 어느 것이 맞는지 판단하기를 포기하는 순간 신뢰는 자연스럽게 붕괴된다.

이 전략은 과거 사례에서도 반복해서 확인되곤 했다. 상원 정보위원회의 보고서는 러시아의 작전이 선거 이후에도 계속되었으며 소셜미디어와 온라인 공간에서 결과의 정당성을 깎아내리는 서사가 확산되었다고 기록했다. 핵심은 "표가 바뀌었다"가 아니라 "결과를 믿을 수 없다"는 감정을 퍼뜨리는 것이었다.

여기서 중요한 점은 이 공격이 결과와 무관하게 작동한다는 사실이다. 어느 쪽이 이기든, 공격은 지속되었다. 승리한 쪽에게는 "부당한 승리"라는 꼬리표를, 패배한 쪽에게는 "도둑맞은 패배"라는 서사를 붙인 셈이다. 어느 쪽도 온전히 정당성을 누리지 못하게 만드는 것이 목표다.

선거 이후에 보이는 공격의 또 다른 특징은 '점진성'이다. 단번의 폭발적인 메시지보다, 소소하지만 지속적인 의구심의 효능감이 더 큰 법이다. 매일 새로운 '의문'이 하나씩 추가된다. 작은 오류, 행정상의 혼선, 이미 해명된 사건이 다시 끌려 나온다. 각각은 결정타가 아니지만 누적되면 "뭔가 계속 문제다"라는 인상을 조성한다.

정보기관도 이 누적 효과를 우려했다. 한 보고서에서는 해외 세력이 선거 이후 "폭력적 시위를 부추기거나 민주주의 자체의 정당성을 부정하는 서사"를 확산시킬 가능성까지 언급했다. 선거 결과를 뒤집기 위한 시도가 아니라 사회적 긴장을 장기화하려는 전략이다.

이러한 전략의 성공 여부는 단기간에 판단할 수는 없다. 선거가 끝난 뒤 몇 주, 몇 달이 지나도 여론이 갈라진 채로 남아 있다면 공격은 목적을 달성한 셈이다. 민주주의는 결과보다 수용으로 완성되는데, 수용이 지연될수록 시스템의 비용은 커질 수밖에 없다.

그래서 "선거는 하루, 공격은 몇 년"이라는 말은 과언이 아니다. 공격 세력은 달력을 기준으로 움직이지 않는다. 그들은 신뢰가 완전히 회복될 때까지 혹은 회복되지 않을 때까지 움직인다. 그리고 그 시간은 언제나 선거일보다는 훨씬 길다.

선거 보안은 투표 당일의 문제가 아니다. 이는 선거 이후의 서사와 해명, 검증, 그리고 사회가 다시 하나의 현실로 수렴할 수 있는지를 포함한 장기전에 가깝다. 결과가 발표된 순간 공격이 끝난다고 믿는다면 우리는 이미 한 박자 늦은 셈이다.

# CHAPTER 12

## 투표를 의심하게 만드는 순간

— 결과가 남아 있는데 합의가 사라질 때

선거 결과는 언제나 숫자로 시작하지만 숫자가 의미를 갖기까지는 시간이 필요하다. 승패가 발표되는 순간, 사회가 결론에 이르는 것은 아니다. 패배를 승복하는 쪽과 승리를 정당화하는 쪽이 동시에 움직이고 법적 절차와 감정적 정리가 나란히 진행된다. 이 짧은 기간, 민주주의는 결과를 갖고 있지만 합의를 갖고 있지는 않다.

이때 중요한 전환이 일어난다. 사람들은 더 이상 "누가 이겼는가"를 묻지 않는다. 대신 이렇게 묻는다.

**"결과를 받아들여도 되는가?"**

단순한 의혹이 아니다. 이는 판단 기준이 이동했다는 방증이기도 하다. 이전까지 선거의 정당성은 절차와 증거 위에 놓여 있었다. 그러나 이 질문이 반복되기 시작하면 기준은 서서히 달라진다. 결과가 맞는지보다는 의심해도 되는가가 더 중요해진다. 이때 의심은 주장으로 나타나지는 않는다. 그것은 대부분 말투와 태도로 스며든다.

**"확실한 건 아니지만."**
**"나는 그냥 묻는 거다."**
**"이상하다고 느끼는 사람이 많다."**

단정하지는 않지만 판단을 유예한다는 발언이다. 그리고 유예가 길어질수록 결과는 점점 불안정해진다. 중요한 점은 이 과정에서 새로운 정보가 반드시 필요한 것은 아니라는 사실이다. 이미 해명된 사실도 다시 소환될 수 있고 과거의 작은 혼선도 새로운 맥락에서 재해석된다. 맥락이 바뀌면 의미도 바뀐다. 정상적인 행정 절차는 "해명되지 않은 공백"으로 읽히고 지연은 "숨겨진 문제"의 신호처럼 보이기 시작한다.

이 지점에서 결과는 존재하지만 신뢰는 작동하지 않는다. 선거는 끝났지만 사람들의 판단은 끝나지 않는다. 이 미완 상태가 길어질수록 사회는 하나의 결론으로 수렴하지 못한다.

결과를 의심하게 만드는 기술의 핵심은 바로 여기에 있다. 누군가에게 새로운 사실을 믿게 만드는 것이 아니라 기존의 결론을 끝내지 못하게 만드는 것이다. 결론이 유예된 상태에서는 어떤 주장도 완전히 틀렸다고 말할 수 없다. 모든 가능성은 열려 있고, 열린 상태 자체가 불안을 낳는다.

불안은 곧 태도로 굳어진다. 사람들은 더 이상 결과를 공격하지 않는다. 대신 결과를 방어하려는 모든 시도를 의심한다. 해명은 "변명"으로, 검증은 "시간 끌기"로, 인증은 "기득권의 자기 확인"으로 해석된다. 이때부터 결과는 법적으로는 확정되었지만 사회적으로는 미완의 상태에 머문다.

민주주의는 강제로 결론을 밀어붙일 수 있는 체제가 아니다. 국민들에게 "믿어라"라고 명령할 수 없다. 그래서 합의가 지연될수록 제도는 점점 소모된다. 모두가 결과를 기다리고 있지만 아무도 결론을 받아들이지 않는 상태. 이것이 가장 위험한 균형이다.

이 기술의 효능감이 특히 높은 까닭은 그것이 공격처럼 보이지 않기 때문이다. 의심은 시민의 권리처럼 보이고 의문은 책임감 있는 태도처럼 들린다. 그래서 사람들은 자신이 민주주의를 약화시키고 있다는 사실을 인식하지 못한 채, 오히려 민주주의를 지키고 있다고 오해한다. 결과가 무효가 되는 순간은 법원이 판결을 뒤집을 때가 아니다. 그 순간은 충분한 해명이 제공되었음에도 사람들이 더는 결론에 도달하지 않기로 선택할 때다. 결과는 남아 있지만 사회는 다음 단계로 나아가지 않는다.

그래서 투표를 의심하게 만드는 기술은 결과를 바꾸지 않는다. 대신 시간을 늘리고 판단을 미루고 합의를 피로하게 만든다. 피로가 누적되면 어느 순간 사람들은 이렇게 말한다.

**"이제는 결론을 내리는 것이 별 의미가 없는 것 같다."**

이때 민주주의는 암묵적으로 기능을 잃는다. 투표는 여전히 진행되지만 결과는 공동의 출발점이 되지 못한다. 선거는 끝났지만 사회는 끝내 합의에 도달하지 못한다.

민주주의를 무력화하는 가장 효율적인 방법은 결과를 뒤집는 것이 아니라, 결과를 끝내지 못하게 만드는 것이다. 합의 없는 사회에서 집계 결과는 민주주의를 완성시키지 못한다.

# PART 5

# ""그렇다면 우리는 안전한가?""

# CHAPTER 13

## 기술은 충분한가?

— 투표 용지, 서버, 백업의 한계

선거가 흔들릴 때마다 가장 먼저 등장하는 해법은 기술이다. 투표용지와 백업 서버, 감사 로그, 이중 확인 절차. "이번에는 더 안전하다"는 해명은 늘 구체적인 장치의 목록으로 시작한다. 상당 부분 사실이다. 많은 나라에서 선거 보안은 실제로 강화되었고 과거에 비해 투표 결과를 물리적으로 뒤집는 일은 훨씬 어려워졌다.

**그렇다면 이 정도면 충분한가?**

2016년 이후, 미국의 선거 보안 체계는 눈에 띄게 달라졌다. 노후 장비가 교체되었고 유권자의 선택이 종이로 남지 않는, 전자 데이터만 기록하는 투표기는 신뢰 문제 때문에 점차 사용이 중단되었다. 각 주 정부는 연방 자금을 지원받아 시스템을 개선했고 선거 전후로 감사를 실시하는 절차도 확대되었다. 상원과 행정부 보고서는 이런 변화가 "실질적인 위험을 줄였다"고 평가한다. 실제로 정보공동체는 해외 세력이 선거 결과를 대규모로 조작하는 것은 거의 불가능하다고 강조한다.

여기서 많은 사람이 안도한다. 투표용지가 있고 서버가 분리되어 있으며 백업이 남아 있다면 결과는 보호될 것이라고 믿는다. 기술적 보안은 분명 필요조건이다. 문제는 그것이 충분조건이 아니라는 데 있다.

보안 강화 이후에도 취약점은 남았다. 다만 그 취약점은 투표함 안에 있지 않았다. 국토안보부 감찰관실(OIG)의 최근 보고서는 선거 관계자의 의식을 흥미롭게 전했다. 다수의 주 선거 관리자들은 2024년 선거를 앞두고 가장 큰 위협으로 사이버 공격이나 물리적 공격이 아니라 허위정보와 신뢰 훼손을 꼽았다. 기술적 시스템은 이전보다 훨씬 단단해졌지만 시스템을 둘러싼 해명과 해석은 여전히 취약하다는 평가였다.

기술은 결과를 지킬 수 있지만 의미를 지키지는 못한다. 투표용지는 "무엇이 기록되었는지"를 증명할 수는 있어도 "왜 결과를 믿어야 하는지"를 해명해 주지는 않는다. 서버 로그는 침입 여부를 보여줄 수는 있어도 사람의 불안을 없애 주지는 않으며, 백업은 복구를 가능하게 하지만 의심을 복구하지는 못한다.

한계는 실제 사례에서 분명히 드러난다. 유권자 등록 시스템이 침해되었지만 표는 바뀌지 않았다. 종이 기록이 있고 감사 결과도 정상이었다. 그럼에도 침해 사실 자체는 오래도록 불신의 근거로 남았다. 기술은 문제를 해결했지만 기억은 부정적인 찌꺼기가 남아있는 셈이다. 이 기억은 다음 선거와 다음 논쟁에서 다시 소환되었다.

상원 정보위원회의 분석에 따르면, 선거 인프라의 분산성과 기술적 방어는 "결과 조작"을 막는 데는 효과적이었지만 공격 세력은 시스템의 가능성을 부각시키는 쪽으로 전략을 옮겼다고 한다. "할 수 있었지만 하지 않았다"는 이야기는 "언제든 할 수 있다"는 불안으로 바뀐다. 그리고 불안은 기술로 봉인되지 않는다.

기술 중심의 대응이 갖는 또 하나의 한계는 해명 격차에 있다. 보안 전문가에게 명확한 구조—분리된 네트워크, 감사 절차, 물리적 기록—는 일반 시민에게는 직관적으로 이해되지 않는다. "이중 인증"과 "무결성 검사"는 안심의 언어가 아니라 전문 용어다. 단순하고 직관적인 메시지—"선거가 조작되었다"—

가 훨씬 더 빠르게 퍼진다. 그래서 기술이 강화될수록 역설이 생긴다. 시스템은 안전해지지만, 해명은 더 어려워진다는 것. 이같은 괴리는 공격 주체에게 다시 기회가 된다. 복잡성은 의심을 낳고 의구심은 신뢰를 잠식하기 때문이다.

기술적 보안이 민주주의를 지킬 수 있을까? "부분적으로는 그렇다." 기술은 결과를 보호한다. 그러나 민주주의는 결과만이 아니라 수긍과 승복과 합의를 요구한다. "졌지만 받아들일 수 있다"고 말할 수 있어야 제도가 작동한다는 것이다.

정보기관과 선거 당국이 최근 보고서에서 공통으로 시사하는 결론도 이와 맞닿아 있다. 선거 보안은 하드웨어와 소프트웨어의 문제가 아니라 사회적 신뢰를 관리하는 문제다. 기술은 토대를 제공할 수는 있어도 신뢰를 쌓아 주지는 못한다.

종이와 서버, 백업만으로는 충분하지 않다. 이들은 결과를 지키는 방패일 뿐, 민주주의를 덮는 보호막은 아니다. 공격은 이미 다른 전선으로 이동했다. 기술이 닿지 않는 영역—사람의 의식과 감정과 해석—에서 싸움은 계속된다.

# CHAPTER 14

## 법은 어디까지 작동하는가?

— 범죄와 전쟁의 회색지대

선거를 뒤흔드는 행위가 드러날 때마다 사람들은 으레 묻는다.

**"그래서 누가 처벌받았는가?"**

이 질문에는 또 다른 기대가 숨어 있다. 법이 작동하면 문제가 해결될 것이라는 기대. 기소가 이루어지고 제재가 가해지며 판결이 내려지면 신뢰는 회복될 것이라는 믿음. 그러나 선거 개입을 둘러싼 현실에서 법은 언제나 미흡하게 종료된다.

2018년, 미국 법무부는 러시아의 인터넷 트롤 조직과 배후 인물을 기소했다. 기소장은 상세히 기술되어 있었다. 가짜 계정의 운영 방식을 비롯하여 집회 조직 과정, 신분 도용, 허위 광고 구매까지 낱낱이 적혔다. 특히 이 문건은 한 가지를 분명히 했다. 사건은 우연이 아니라 조직적인 작전이었다는 사실이다.

하지만 또 하나의 문장이 같은 문건에 반복된다. 기소된 피의자가 미국 법정에 서지 않을 가능성이 높다는 점이다. 그들은 해외에 있었고 미국의 사법권 밖에 있었기 때문이다. 법은 범죄를 규정할 수 있었지만 범죄자를 데려올 수는 없었다.

이때 법은 상징이 된다. 기소는 기록을 남기고 역사를 정리하며 무엇이 허용되지 않는지 분명히 규정한다. 하지만 처벌이라는 핵심 기능은 공백으로 남는다. 공백은 다시 묻는다.

"그렇다면 법은 어디까지 작동하는가?"


정부가 선택한 또 다른 수단은 제재였다. 재무부는 선거 개입과 연계된 개인과 조직을 제재 목록에 올렸다. 자산 동결과 금융 거래 차단, 국제적 낙인. 제재는 군사적 충돌 없이 압박을 가하는 도구이다. 실제로 일부 제재는 특정 인물의 국제 활동을 제한했고 협력 네트워크를 위축시켰다. 그러나 제재 역시 한계를 드러냈다. 제재는 행위를 멈추게 하기보다 비용을 높이는 수단이었다. 보고서는 제재 이후에도 개입 세력의 작전이 형태를 바꿔가며 계속되었음을 지적한다. 조직 이름이 바뀌고 계정이 다시 만들어지며 중간 대리인이 등장했다. 법은 추격했지만 상대는 이미 다른 경로로 이동하고 있었다.

선거 개입은 '범죄'라는 전통적인 범주로만 설명되지 않는다. 이는 전쟁도, 범죄도 아닌 회색지대에 놓인다. 총성이 없고 국경을 넘는 병력도 없지만 국가의 핵심 기능—민주적 정당성—을 겨냥했다. 이런 행위에 기존의 형법과 국제법은 부분적으로만 대응할 뿐이다.

상원 정보위원회의 분석은 이 회색지대를 명확히 드러냈다. 보고서는 러시아의 활동을 "전통적 첩보와 정치적 작전의 조합"으로 규정했다. 문제는 이 조합이 법적 범주를 넘나든다는 점이다. 해킹은 범죄지만 선전은 표현의 영역에 걸쳐 있다. 해외 정부의 지시가 입증되면 제재 대상이 되지만 증거는 공개되기가 어렵다.

결국, 처벌의 기준은 일관성이 떨어질 수밖에 없다. 미국 내에서 법을 어긴 개인은 기소되고 처벌되지만 해외에서 국가의 보호를 받는 세력은 법정 밖에 머문다. 법은 내부에는 강하지만 외부에는 한없이 더디다. 이 불균형은 공격자에게 신호를 보낸다. 리스크가 관리 가능하다는 신호.

이러한 현실은 법 집행 기관에도 부담을 준다. 무엇을 범죄로 기소할 것인가? 어디까지가 합법적인 정치 표현이고, 어디서부터가 불법적인 선거 개입인가? 선거 관련 허위정보가 민주주의를 해치더라도 그것이 항상 범죄가 되는 것은 아니다. 법은 자유를 보호하기 위해 설계되었고 그 자유는 얼마든 악용될 수 있다. 그래서 법은 종종 사후에 작동한다. 선거가 끝난 후, 피해가 발생한 뒤 사회가 분열된 뒤에야 기소와 제재가 뒤따른다. 무엇보다도 순서가 중요하다. 법은 사실을 정리하지만 신뢰를 회복시키지는 못한다. 처벌이 이루어지더라도 선거를 둘러싼 의구심은 이미 사회에 뿌리내린 뒤이기 때문이다.

재차 말하지만, 앞선 사례가 보여주는 결론은 냉담하기까지 하다. 법은 필요하다. 기소와 제재는 기록을 남기고 규범을 세우고 미래의 기준점을 제시한다. 그러나 법만으로는 미흡하다. 선거 개입의 핵심 전장은 법정이 아니라 인식의 영역이기 때문이다.

## 누가 처벌받고, 누가 처벌받지 않는가?

그래서 위의 질문은 완전히 해소될 수가 없다. 일부는 기소되고 일부는 제재를 받고 일부는 아무 일도 없었던 것처럼 다음 작전을 준비할 것이다. 이 불완전성이 회색지대의 본질이다.

# CHAPTER 15
## 국민은 무엇을 할 수 있는가?
— 마지막 방어선은 유권자다

필자는 줄곧 불편한 사실을 기록해왔다. 기술은 완벽하지 않았고 법은 미흡했으며 국가는 언제나 늦었다. 그렇다면 국민에 대한 의문이 남는다.

국민은 무엇을 할 수 있는가?
많은 사람들은 이 의문 앞에서 좌절한다.

**"힘없는 개인이 뭘 할 수 있겠어?"**
**"이건 국가 간 싸움이잖아."**
**"플랫폼과 정부의 문제지."**

자연스러운 반응이다. 정보전은 거대하고 보이지도 않는 데다 전문 용어로 가득 차 있다. 개인은 늘 작고 느려 보인다. 그러나 지금까지 살펴본 모든 사례는 상반되는 이야기를 들려주고 있다. 이 전쟁에서 가장 많이 움직였고 가장 많이 반응했으며 가장 큰 영향력을 행사한 존재는 다름아닌 개인이었다. 공격은 사람을 통해 퍼졌고 사람의 감정 위에서 증폭되었으며 사람의 선택으로 완성되었다. 그렇다면 방어 역시 같은 자리에서 시작될 것이다.

정보전에서 개인의 역할은 '진실을 모두 가려내는 것'이 아니다. 이는 비현실적인 기대일 것이다. 전문가도 매번 옳지 않을 뿐더러 정부조차 모든 정보를 공개하지 않는다. 개인에게 요구되는 역할은 더 단순하고 동시에 더 어렵다. 확산을 멈출 수 있는 지점이 되는 것이다.

회복력(resilience)은 온전한 면역이 아니다. 회복력은 충격을 받지 않는 능력이 아니라 충격 이후에 다시 균형을 찾는 능력을 일컫는다. 민주주의의 회복력 또한 마찬가지다. 거짓말이 존재하지 않는 사회는 없다. 중요한 것은 거짓말이 사회를 지배하느냐, 아니면 사회가 거짓말을 소화하느냐의 차이일 뿐이다.

회복력의 첫 번째 조건은 속도를 늦추는 선택이다. 정보전은 빠른 속도를 무기로 삼는다. 분노는 즉각 공유되고 의구심은 생각보다 먼저 확산된다. 이때 개인이 할 수 있는 가장 강력한 행동은 공유 버튼을 누르지 않는 것이다. 아무런 행동도 하지 않는 선택이 아니라 확산을 차단하는 행동을 두고 하는 말이다. 공격 세력은 메시지를 꾸밀 수는 있지만 이를 퍼뜨릴 수 있는 권한은 언제나 사용자에게 있다.

두 번째 조건은 확신을 유예하는 태도다. 정보전의 목표는 "지금 당장 믿게 하는 것"이 아니라 "지금 당장 결론을 내리게 하는 것"이다. 회복력이 있는 시민은 결론을 서두르지 않는다. "아직 모른다"는 말을 허용하고 "확인 중"인 상태를 견딘다. 유예는 나약함이 아니라 방어다. 의구심을 제기하되 의구심에 중독되지는 않는 태도를 가리킨다.

세 번째 조건은 제도의 언어를 이해하려는 노력이다. 선거 절차와 인증 과정 및 감사의 의미는 복잡하다. 공격 세력은 이 복잡성을 이용해 "아무도 해명하지 않는다"고 주장한다. 회복력을 발휘하는 시민이라면 기술적인 세부사항을 모두 이해할 필요는 없지만 최소한 제도가 어떻게 오류를 다루는지는 알고자 할 것이다. 완벽이 아니라 수정 가능성이 민주주의의 장점이라는 사실을 이해하는 순간, "실수가 곧 조작"이라는 단순한 서사는 힘을 잃을 것이다.

네 번째 조건은 타인의 감정을 관리하려는 충동을 경계하는 것이다. 정보전은 우리에게 도덕적 우월감을 제안한다.

**"저 사람들은 속고 있다."**

**"나는 깨어 있다."**

이 감정이 분열을 키운다. 회복력은 상대를 설득하는 능력보다는 관계를 유지하는 능력에서 나온다. 대화를 끊는 순간, 공격은 한 번 더 성공할 것이다.

중요한 점은 이 모든 조건이 영웅적인 행위를 요구하지 않는다는 사실이다. 거리로 나서지 않아도 되고 전문가가 될 필요도 없다. 오히려 정보전은 소수의 극단적인 행동보다 다수의 일상적 선택에 더 민감하다. 공격은 소수의 조작으로 시작되지만 다수의 반응으로 완성된다.

때문에 마지막 방어선은 제도도, 기술도, 법도 아닌 유권자일 것이다. 더 정확히 말하면 유권자의 일상적인 판단과 선택으로 수렴할 것이다. 무엇을 믿을지, 무엇을 공유할지, 무엇을 유보할지에 대한 수많은 소소한 결단이 모여 민주주의의 탄성을 만든다.

필자가 반복해서 강조해 온 사실을 다시 떠올려 보자. 선거는 하루지만 공격은 몇 년간 이어진다. 그 긴 시간 동안, 정부의 대응은 간헐적이고 법의 작동은 한계가 있는 데다 기술은 부분적으로만 작동하는 것 같아 보인다. 그러나 시민은 매일 전장에 있다. 스마트폰을 열 때마다, 뉴스를 읽을 때마다, 대화에 참여할 때마다 선택을 해야 한다.

민주주의는 강해서 살아남는 것이 아니다. 회복할 수 있어서 살아남는다. 회복력은 위협이 없어서가 아니라 위협 속에서도 방향을 잃지 않는 능력에서 나온다. 정보전의 시대에 시민의 역할은 영웅이 되는 것이 아니라 시스템이 스스로를 고칠 수 있도록 시간과 공간을 벌어주는 것이다.

우리가 할 수 있는 일은 생각보다 크지 않을지 모른다. 그러나 우리가 하지 않기로 선택할 수 있는 일은 분명히 있다. 그리고 그러한 선택이 모일 때 민주주의는 외부의 공격이 아니라 내부의 균형으로 자신을 지킬 것이다.

그래서 마지막 질문은 다시 처음으로 돌아간다.


**당신의 한 표는 정말 안전한가?**
안전은 투표함에만 있지 않다.
**안전은 당신의 손끝에 있다.**

## I 에필로그

## "이건 음모론이 아니다"

### 민주주의가 변한 방식, 그리고 우리가 감당해야 할 현실

누군가가 비밀리에 투표용지를 훔쳤다는 이야기도, 보이지 않는 손이 결과를 조종했다는 서사도 아니다. 오히려 그 반대다. 이 책이 보여준 것은 아무도 훔칠 필요가 없었던 이유, 그리고 그 사실이 민주주의를 어떻게 다른 모습으로 바꾸어 놓았는지에 대한 기록이다.

민주주의는 실패하지 않았다. 작동했다. 절차는 지켜졌고 결과는 확정되었으며 제도는 무너지지 않았다. 그러나 동시에 민주주의는 변했다. 그리고 그 변화는 우리가 아직 충분히 인식하지 못한 비용을 요구한다.

## 조작은 없었지만, 공격은 있었다

첨부된 보고서와 평가 문서들이 일관되게 보여주는 사실이 있다. 외국의 개입은 투표함을 겨냥하지 않았다는 것. 기표를 바꾸거나 집계를 조작하려는 시도는 제한적이었고, 설령 있었다 하더라도 결과를 바꿀 수준은 아니었다는 분석이 반복된다. 대신 집중된 것은 영향력 작전이었다. 정보의 흐름, 해석의 방향, 감정의 온도를 조절하는 방식이다.

상원 보고서와 정보기관의 평가는 공통의 패턴을 기록한다. 메시지는 단일하지 않았다. 좌우를 가리지 않았고 일관성도 없었다. 어떤 날은 분노를 부추겼고 어떤 날은 비아냥거리를 확산시켰다. 핵심은 설득이 아니라 분열의 유지였다. 선거의 승패보다 선거가 끝난 뒤에도 논쟁이 끝나지 않는 상태를 만드는 것. 그 상태 자체가 성과였다.

이 지점에서 중요한 전환이 일어난다. 공격은 외부에서 시작되었을지 모르지만 확산은 내부에서 이루어졌다. 의심은 시민의 의혹으로 등장했고 정치인의 언어로 증폭되었으며 소셜미디어의 알고리즘을 타고 반복되었다. 어느 순간 외부의 흔적은 사라지고 남은 것은 '우리끼리의 논쟁'이었다. 이것은 실패가 아니라 전략의 성공이다.


## 안전해진 선거, 취약해진 신뢰

정보기관의 문서가 반복해서 강조하는 또 하나의 사실은 선거 인프라가 과거보다 더 안전해졌다는 점이다. 분산된 구조, 이중 확인,

감사와 재검표, 위협 정보 공유. 기술과 절차의 측면에서 선거는 분명히 강화되었다. 연방이 통제 대신 연결을 선택한 이유도 여기에 있다. 단일 실패 지점을 피하고 회복력을 높이기 위한 판단이었다.

그러나 이는 이해의 비용을 동반했다. 선거는 더 복잡해졌고 그 복잡함은 해명을 요구했다. 그런데 해명은 늘 사후에, 늘 방어의 형태로 등장했다. "가장 안전한 선거였다"는 말은 기술적 평가로는 옳았지만 사회적 체감과는 어긋났다. 사람들은 안전함을 요구하기 전에, 이해 가능함을 요구했다.

이 간극에서 신뢰는 흔들렸다. 신뢰는 숫자나 로그로 증명되지 않는다. 신뢰는 과정이 어떻게 보였는지, 의혹이 어떻게 다뤄졌는지, 해명이 언제 제공되었는지에 의해 형성된다. 필자가 보여준 것은 보안의 성공이 곧바로 신뢰의 성공으로 이어지지 않는 시대가 도래했다는 사실이다.


## 침묵의 논리와 그 대가

정부가 조심스러웠던 이유 역시 문서 속에 분명히 남아 있다. 경고는 위험할 수 있었다. 선거 중의 발언은 정치적 개입으로 읽힐 수 있었고 경고 자체가 불안을 증폭시킬 가능성도 있었다.

"말하는 순간 정치가 된다"는 공포는 실제로 정책 판단을 규정했다. 그래서 선택된 전략은 최소한의 언어, 확정된 사실만을 말하는 태도였다.

그러나 침묵은 대가를 남겼다. 정상이어도 해명되지 않은 것은 의심의 싹을 틔웠다. 지연과 수정, 재검표는 안전장치였지만 맥락 없이 노출되면서 의혹의 재료로 소비되었다. 안심시키려는 말은 반복될수록 방어처럼 들렸고 방어는 다시 불신을 키웠다. 침묵으로 위험을 줄이려 했지만 해명의 공백은 더 큰 위험을 만들었다.

이는 특정 정부의 실패담이 아니다. 선거라는 제도가 놓인 조건의 변화다. 과거에는 침묵이 중립이었지만 지금은 침묵이 해석된다. 말하지 않는 선택도 하나의 메시지가 된다. 이 환경에서 민주주의는 새로운 기준을 요구받는다.

## 분산의 역설_회복력과 혼란 사이

연방이 중앙 통제를 택하지 않고, 지원·협력·정보 공유라는 전략을 선택한 이유는 타당했다. 분산은 공격에 강했고 자율성은 정당성을 지켰다. 그러나 분산된 시스템은 설명도 분산되게 만들었다. 각 지역은 각자의 절차를 설명했지만 전체를 하나의 이야기로 엮을 주체는 부재했다.

그 결과, 차이는 불균등처럼 보였고 다양성은 일관성의 결여로 읽혔다. 같은 선거를 두고 서로 다른 속도와 언어가 병치되자 비교는 곧 의심이 되었다. 보호의 분산은 성공했지만 해명의 분산은 신뢰를 소모했다. 이는 분산을 잘못 선택한 결과가 아니라, 분산을 전제로 한 설명 전략이 부재했던 결과다.

## 가장 취약한 지점은 기계가 아니라 인식이다

이 책이 도달한 핵심은 여기 있다. 가장 취약한 지점은 기계가 아니라 사람의 인식이다. 해킹보다 더 효과적인 무기는 의심이었다. 사실보다 빠른 이야기가 인상을 만들고 해명보다 강한 인상이 신뢰를 앞질렀다. 이 환경에서 선거는 실패하지 않아도 실패처럼 보일 수 있었다.

더 나아가, 신뢰가 무너지면 결과는 스스로 무너진다. 법적 확정은 남아 있지만 정치적 효력은 약해진다. 결과를 받아들이는 조건이 사라질 때 민주주의는 작동하면서도 늘 흔들리는 상태에 머문다. 이것이 오늘날 민주정치의 새로운 취약점이다.


## 전환이 요구된다

필자가 제안하는 해답은 급진적이지 않다. 오히려 현실적이다. 방어보다 해명이 먼저인 민주주의로의 전환. 비밀이 아니라 견딜 수 있는 투명성을 선택하는 일. 모든 것을 공개하는 것이 아니라, 무엇이 공개되지 않는지까지 해명하는 투명성. 의혹을 억제하는 것이 아니라 의혹이 생기기 전에 맥락을 제공하는 설계다.

해명은 사후 대응이 아니라 시스템의 일부가 되어야 한다. 선거 전에는 무엇이 일어날 수 있는지를 말하고, 선거 중에는 무엇이 일어나고 있는지를 알리며 선거 후에는 무엇이 왜 그렇게 되었는지를 정리해야 한다. 이 연속성이 있을 때 지연과 수정은 의심이 아니라 정상으로 인식될 수 있다.

## 우리가 감당해야 할 현실

변화에는 비용이 청구된다. 해명은 시간과 자원을 필요로 하고, 실수를 노출시킬 위험을 동반한다. 침묵보다 불편하고 단정적 안심보다 피곤하다. 그러나 다른 선택지는 더 큰 비용을 남긴다. 신뢰가 무너진 민주주의는 매 선거마다 처음부터 증명해야 한다. 이 반복은 제도를 지치게 하고 사회를 소모시킨다.

필자는 음모론을 고발하지 않는다. 대신 현실을 직시하자고 요구한다. 민주주의는 여전히 작동하고 있지만 작동 조건은 달라졌다. 이 조건을 인정하지 않으면 우리는 같은 선거를 반복해서 치르고 같은 논쟁을 반복해서 겪게 될 것이다.

선거는 하루가 아니다. 신뢰도 하루에 만들어지지 않는다. 선거 이후에도 계속되는 책임은 민주주의가 스스로를 유지하기 위해 지불해야 할 새로운 비용이다. 이 비용을 감당할 준비가 되어 있을 때 선거는 다시 출발점이 될 수 있다. 그때 비로소, 결과는 숫자를 넘어 공동의 미래로 이어질 것이다.

# 부록

# A. 국가별 선거 모델

## 중앙집중형 모델

– 결과 관리에는 강하지만 단일 실패 지점을 가진 구조

어떤 나라에서는 선거가 끝나면 결과가 빠르게 하나의 숫자로 수렴한다. 개표는 중앙에서 관리되고, 결과 발표는 단일 기관을 통해 이루어진다. 지방의 수많은 투표소에서 모인 표는 결국 하나의 관문을 지나 공식 결과가 된다. 이 구조의 장점은 분명하다. 속도와 일관성이다. 결과는 빨리 나오고, 메시지는 하나다. 혼선이 적고, 책임 소재도 명확하다.

이 모델은 특히 "결과 관리"에 강하다. 누가 이겼는지, 언제 확정됐는지, 어떤 절차로 인증됐는지가 중앙의 일정과 문서로 정리된다. 시민은 여러 출처를 비교할 필요 없이, 하나의 발표를 기다리면 된다. 위기 상황에서도 지휘 체계는 단순하다. 문제가 생기면 중앙이 나서서 설명하고 조치한다.

그래서 중앙집중형 모델은 오랫동안 안정의 상징처럼 여겨져 왔다. 혼란이 적고, 선거가 정치적 불확실성을 오래 끌지 않는다는 점에서 매력적이다. 특히 선거 결과를 둘러싼 폭력이나 분열을 우려하는 국가에서는, 이 단순함이 큰 장점으로 작동해 왔다.

그러나 이 단순함에는 대가가 있다. 모든 신뢰가 한 지점에 집중된다는 사실이다. 중앙집중형 모델에서 결과의 정당성은 결국 하나의 기관, 하나의 시스템, 하나의 발표에 의존한다. 이 구조에서는 "중앙이 정상적으로 작동한다"는 믿음이 무너지면, 대체 경로가 거의 없다. 지방의 개별 절차가 아무리 정확했더라도, 중앙의 결과에 대한 의심은 전체 선거에 대한 의심으로 확장된다.

이것이 단일 실패 지점, 즉 Single Point of Failure다. 기술적 의미에서의 서버 하나를 말하는 것이 아니다. 신뢰가 집중된 지점을 의미한다.

공격 주체는 이 구조를 잘 이해한다. 그래서 중앙집중형 모델을 무너뜨리기 위해 반드시 시스템을 해킹할 필요는 없다. 중앙의 판단 능력, 독립성, 투명성에 의문을 제기하는 것만으로도 충분하다. "왜 이렇게 빨리 결과가 나왔는가?" "중앙이 특정 세력과 가깝지 않은가?" "이 과정은 정말 검증 가능한가?" 이런 질문들은 결과를 바꾸지 않아도 결과를 의심하게 만드는 효과를 낸다.

중앙집중형 모델에서는 설명이 곧 방어다. 하지만 설명이 길어질수록, 의심은 커진다. 모든 것을 중앙이 설명해야 하기 때문에, 설명의 부담도 중앙에 쌓인다. 그리고 설명의 작은 오류나 말의 변화는 즉시 확대 해석된다. "말이 바뀌었다"는 인상은 "무언가 숨기고 있다"는 의심으로 바뀐다.

또 하나의 취약점은 시각적 증거와 결합될 때 드러난다. 중앙집중형 모델에서는 결과 발표 장면—기자회견, 공식 영상, 서명 장면—이 상징성을 갖는다. 이 장면이 조작되거나, 맥락에서 잘려 퍼질 경우, 그 영향은 단번에 전국으로 확산된다. 중앙이 상징이 되는 순간, 중앙은 가장 눈에 띄는 표적이 된다.

이 구조는 시민의 역할도 제한한다. 분산형 모델에서는 "각 지역에서 확인할 수 있다"는 감각이 남아 있지만, 중앙집중형 모델에서는 시민이 체감하는 검증 가능성이 낮다. "우리는 과정을 보지 못했고, 결과만 받았다"는 인식이 생기기 쉽다. 이 인식은 평상시에는 문제가 되지 않지만, 불신이 시작되는 순간 취약한 틈이 된다.

중앙집중형 모델은 그래서 역설적이다. 결과 관리에는 강하지만, 결과에 대한 해석 싸움에는 약하다. 중앙이 신뢰받는 동안에는 매우 안정적이지만, 신뢰가 흔들리는 순간에는 회복 경로가 좁다. 다른 설명, 다른 출처, 다른 관점이 개입할 여지가 적기 때문이다.

이 책이 중앙집중형 모델을 실패로 규정하지 않는 이유도 여기에 있다. 이 모델은 많은 나라에서 효과적으로 작동해 왔다. 그러나 현대의 선거 위험은 결과를 바꾸는 데 있지 않다. 결과를 받아들이지 못하게 만드는 데 있다. 이 새로운 위협 앞에서, 중앙집중형 모델의 강점은 동시에 취약점이 된다.

결국 질문은 제도가 아니다.

신뢰가 어디에 쌓여 있는가다.

중앙에 쌓인 신뢰는 빠르고 강력하지만, 한 번 흔들리면 크게 무너진다. 이 사실을 이해하는 순간, 우리는 왜 공격 주체들이 중앙을 향해 메시지를 던지는지, 그리고 왜 "결과는 바뀌지 않았다"는 말만으로는 충분하지 않은지를 이해하게 된다.

## 중앙집중형 모델의 실제 얼굴

– 사례로 보는 실패 지점의 의미

### 프랑스

빠른 결과, 단일 발표, 그리고 '해명 불신'

프랑스의 선거는 중앙집중형 모델의 전형으로 꼽힌다. 선거 행정은 내무부 중심으로 관리되고, 개표 결과는 비교적 빠르게 하나의 공식 수치로 수렴된다. 전국 각지에서 집계된 결과는 중앙을 통해 발표되며, 언론과 시민은 같은 숫자를 동시에 받아든다.

이 구조의 강점은 명확하다.

혼선이 적고, 결과 발표가 지연되지 않으며, "누가 이겼는지"를 둘러싼 불확실성이 길게 이어지지 않는다. 실제로 프랑스에서는 개표 지연이나 결과 혼란이 사회적 불안을 키운 사례가 드물다.

그러나 이 모델은 신뢰가 중앙에 과도하게 집중된다는 특징을 갖는다. 선거 결과의 정당성은 개별 지역의 투표 과정이 아니라, 중앙 발표의 신뢰성에 크게 의존한다. 이 때문에 프랑스에서도 선거를 둘러싼 논쟁은 "표가 바뀌었는가"보다 "중앙이 충분히 투명하게 설명했는가"에 집중되는 경향을 보인다. 공격 주체의 관점에서 보면, 이것은 명확한 표적을 의미한다.

투표소 수천 곳을 설득할 필요는 없다. 중앙의 설명, 중앙 인사의 발언, 중앙 발표의 맥락만 흔들면 된다. 결과는 유지되더라도, "왜 이렇게 빨리 나왔는가", "무엇을 검증했는가"라는 질문이 반복될 경우, 신뢰는 빠르게 정치화된다.

프랑스 사례는 중앙집중형 모델이 결과 관리에는 강하지만, 해석 경쟁에는 취약하다는 점을 보여준다.


## 브라질

### 전자투표의 효율성과 '기술 불신의 집중'

브라질은 중앙집중형 모델의 또 다른 변형이다. 전국적으로 전자투표를 도입했고, 개표는 극도로 빠르다. 선거 당일 밤이면 결과가 확정되는 경우가 많다. 이 효율성은 국제적으로도 자주 인용된다.

기술적으로 보면 브라질의 시스템은 반복적인 검증과 개선을 거쳐 왔다. 그러나 문제는 기술의 집중성이다. 투표 방식이 전국적으로 통일되어 있고, 선거 관리 기관 역시 강한 중앙 권한을 가진다. 이 때문에 논쟁 역시 중앙으로 몰린다.

브라질에서 선거를 둘러싼 불신은 "특정 지역의 부정"이 아니라, "전자투표 시스템 전체를 믿을 수 있는가"라는 질문으로 나타난다. 다시 말해, 단 하나의 시스템에 대한 의심이 전국 선거 전체를 무효화하는 주장으로 확장될 수 있는 구조다.

중앙집중형 + 전자투표 조합의 특징은 이렇다.

**결과는 매우 빠르다**
**그러나 설명 비용이 극도로 높다**

시민이 체감할 수 있는 '눈으로 보는 증거'가 제한적이기 때문에, 신뢰는 기술 설명에 의존하게 된다. 이 설명이 정치적 논쟁의 대상이 되는 순간, 시스템 전체가 공격받는 효과가 발생한다. 브라질 사례는 중앙집중형 모델에서 단일 기술 체계가 단일 실패 지점으로 인식될 수 있음을 보여준다.


## 멕시코

### 강력한 중앙 선거기관과 '정당성의 정치화'

멕시코는 과거 선거 부정의 역사 때문에, 중앙 선거관리기관을 매우 강하게 설계했다. 독립성을 강조하고, 결과 발표와 인증을 중앙에서 통제한다. 이는 오히려 중앙집중형 모델이 신뢰 회복을 위해 선택된 사례다.

실제로 제도적으로는 많은 개선이 이루어졌다. 그러나 중앙집중형 구조는 또 다른 문제를 낳았다. 선거 결과에 대한 불복이나 의문 제기는 자연스럽게 중앙 선거기관 자체의 정당성을 공격하는 방식으로 전개된다.

**"기관이 편향되었다."**
**"중앙이 정치적 압력을 받았다."**

이 주장은 개별 투표소나 지역 결과를 다투지 않는다. 대신 기관의 신뢰성 전체를 문제 삼는다. 중앙이 신뢰받는 동안에는 강력한 구조지만, 신뢰가 흔들리면 회복 경로가 제한적이다. 대체 기관이 없고, 분산된 설명 창구도 부족하기 때문이다.

멕시코 사례는 중앙집중형 모델이 신뢰를 **'한 바구니'**에 담는 설계라는 점을 잘 보여준다.


### 세 사례가 공통으로 보여주는 것

앞서 열거한 세 국가는 제도도 다르고 정치적 맥락도 다르다. 그러나 중앙집중형 모델이 드러내는 패턴은 놀라울 만큼 비슷하다.

**결과는 안정적이다 → 대규모 조작은 어렵고, 집계는 빠르다**
**신뢰의 초점은 중앙에 있다 → 공격은 시스템이 아니라 설명·판단·기관을 노린다**

**실패 지점은 '기술'이 아니라 '정당성'이다 → 중앙이 흔들리면, 대체 신뢰 경로가 부족하다**

그래서 중앙집중형 모델의 단일 실패 지점(Single Point of Failure)은 서버가 아니다. 사람들이 "여기를 믿지 못하겠다"고 말하는 그 순간이다. 이 사례들은 한 가지 결론으로 수렴한다.

중앙집중형 모델은 "결과를 지키는 데는 강하지만 결과를 둘러싼 신뢰 경쟁에서는 가장 눈에 띄는 표적이 된다."

## 분산형 모델

― 조작에는 강하지만, 해명과 책임에 취약한 구조

분산형 선거 모델은 불신에서 태어났다. "한 곳이 모든 것을 쥐고 있으면 위험하다"는 직관이 이 설계의 출발점이다. 그래서 권한은 나뉘고, 절차는 흩어지며, 결과는 여러 갈래로 집계된다. 한 주, 한 도시, 때로는 한 카운티가 각자의 방식으로 선거를 관리한다. 중앙은 조정자일 뿐, 지휘자가 아니다. 이 구조의 가장 큰 강점은 분명하다.

**조작이 어렵다.** 어디선가 문제가 생겨도, 그것이 곧바로 전체 결과를 뒤흔들지는 않는다. 하나의 서버가 무너진다고 선거가 끝장나지 않고, 한 지역의 오류가 전국적 조작으로 이어지기도 어렵다. 공격 주체는 수백, 수천 개의 서로 다른 시스템과 절차를 동시에 상대해야 한다. 이 점에서 분산형 모델은 "대규모 결과 조작"이라는 고전적 위협에 매우 강하다.

그래서 분산형 모델은 오랫동안 민주주의의 방패로 평가되어 왔다. 중앙집중형 모델의 단일 실패 지점을 피하기 위한 합리적 선택이었다. 그러나 이 방패에는 또 다른 틈이 있다. 설명과 책임이 흩어진다는 점이다.

분산형 모델에서 선거 결과는 하나의 이야기로 정리되기 어렵다. 지역마다 투표 방식이 다르고, 집계 시점도 다르며, 절차 역시 조금씩 다르다. 결과 발표는 단계적으로 이루어지고, 수정과 인증도 시간차를 두고 진행된다. 제도적으로는 정상이다. 하지만 시민의 눈에는 이렇게 보인다.

"왜 여기서는 끝났는데, 저기는 아직인가?"
"왜 숫자가 계속 바뀌는가?"
"누가 최종 책임자인가?"

이 질문에 대한 답은 늘 길어진다.

"주마다 다르다."
"카운티 권한이다."
"연방은 직접 개입할 수 없다."

이 설명은 사실이지만, 직관적이지 않다. 공격 주체는 바로 이 지점을 노린다. 분산형 모델에서는 결과를 바꾸기보다, 결과가 나오는 과정을 의심하게 만드는 것이 훨씬 쉽다. 숫자가 조금씩 변하는 이유, 지역별 발표 순서, 절차상의 지연은 모두 "조작의 신호"처럼 재해석될 수 있다. 실제로는 정상적인 행정 과정이지만, 설명이 복잡할수록 불신은 단순해진다. 사례를 보면 이 구조적 취약점은 더욱 분명해진다.

분산형 모델의 대표적 사례로 꼽히는 미국에서는 선거 관리의 대부분이 주와 카운티에 맡겨져 있다. 이 덕분에 전국 단위의 결과 조작은 극히 어렵다. 정보기관도 반복해서 "탐지 없이 대규모로 결과를 바꾸는 것은 거의 불가능하다"고 평가해 왔다. 그러나 같은 구조 때문에, 선거 이후 가장 많이 던져진 질문은 이것이었다. "누가 선거를 지키는가?"

어떤 주는 신속히 결과를 발표했고, 어떤 주는 며칠이 걸렸다. 어떤 지역은 우편투표를 많이 사용했고, 다른 지역은 그렇지 않았다. 이 차이는 합법적이었지만, 공격 주체에게는 메시지가 되었다. "지역마다 기준이 다르다"는 사실은 곧 "일관성이 없다"는 주장으로 변형되었다.

분산형 모델의 또 다른 사례로 자주 언급되는 인도 역시 흥미롭다. 인도는 세계 최대 규모의 선거를 치르기 위해 극도로 분산된 운영 방식을 택한다. 투표는 여러 단계로 나뉘어 진행되고, 지역별로 긴 시간차를 두고 집계된다. 이 방식은 물리적 조작과 중앙 집중 리스크를 줄이는 데 효과적이다. 그러나 동시에, 선거가 "끝나지 않은 것처럼 보이는 기간"을 길게 만든다. 이 기간은 의심과 소문이 자라기 쉬운 토양이 된다.

분산형 모델에서 가장 취약한 지점은 결국 책임의 언어다. 문제가 발생했을 때 중앙집중형 모델에서는 "중앙이 책임진다"고 말할 수 있다. 분산형 모델에서는 그 문장이 성립하지 않는다. 책임은 나뉘고, 설명은 길어지며, 시민은 종종 이렇게 느낀다. "아무도 책임지지 않는다."

이 인식은 사실과 다를 수 있다. 실제로는 많은 사람들이 책임지고 있다. 다만 보이지 않을 뿐이다.

그래서 분산형 모델의 단일 실패 지점은 서버도, 투표기도 아니다. 설명을 하나의 이야기로 묶지 못하는 순간이다. 이 책이 분산형 모델을 이상화하지 않는 이유가 여기에 있다. 분산은 조작을 어렵게 만든다. 그러나 신뢰를 자동으로 만들어주지는 않는다. 오히려 설명의 부담을 시민에게 전가할 위험이 있다. 시민이 복잡한 제도를 스스로 이해해야만 안심할 수 있는 구조는, 위기 상황에서 취약해진다.

결국 분산형 모델도 중앙집중형 모델과 같은 질문 앞에 서게 된다. 누가, 언제, 어떻게 설명하는가. 그리고 그 설명을 사람들이 받아들일 수 있는가.

다음으로 살펴볼 것은 이 두 모델이 공통으로 직면한 문제다.

중앙이든 분산이든, 제도는 결국 사람의 신뢰 위에서만 작동한다. 그래서 공격 주체는 제도가 아니라, 언제나 사람을 노린다.

## 분산형 모델의 실제 얼굴

— 조작에는 강했지만, 설명과 책임이 흔들린 순간들

## 미국

결과는 지켜졌지만, 질문은 남았다

미국은 전형적인 분산형 모델이다. 선거는 연방이 아니라 주와 카운티의 권한이고, 투표 방식·집계 속도·인증 절차는 지역마다 다르다. 이 구조 덕분에 정보기관은 반복해서 같은 결론을 내렸다. 대규모로 결과를 조작하는 것은 현실적으로 어렵다.

실제로 2016년과 그 이후의 선거에서도 투표 집계가 조작되었다는 증거는 확인되지 않았다. 종이 기록, 감사 절차, 분산된 시스템은 결과를 지켜냈다. 이 점에서 분산형 모델은 성공했다. 그러나 선거가 끝난 뒤 가장 많이 제기된 질문은 "표가 바뀌었는가"가 아니었다.

"왜 이렇게 다르게 진행되는가"였다.

어떤 주는 밤에 결과를 발표했고, 어떤 주는 며칠이 걸렸다. 어떤 지역에서는 우편투표 비중이 높았고, 다른 지역은 그렇지 않았다. 이 모든 차이는 합법적이었지만, 설명은 길고 복잡했다. "주마다 다르다"는 말은 사실이었지만, 불안을 잠재우지는 못했다.

분산형 모델은 조작을 막았지만, 하나의 설명을 제공하지 못했다. 그 틈에서 공격 주체는 결과 자체가 아니라 과정의 다양성을 의심의 재료로 바꾸었다.

## 인도

### 단계적 선거, 길어진 '끝나지 않은 시간'

인도는 세계 최대 규모의 민주 선거를 치르기 위해 극도로 분산된 운영 방식을 택한다. 수억 명이 투표하기 때문에, 선거는 여러 단계에 걸쳐 진행된다. 지역별로 다른 날짜에 투표가 이루어지고, 개표와 결과 발표에도 시간차가 있다. 이 방식은 물리적 조작과 중앙 집중 리스크를 크게 줄인다. 한 번에 모든 것을 조작하는 것은 사실상 불가능하다. 분산형 모델의 장점이 극대화된 사례다. 그러나 이 구조는 또 다른 취약점을 드러낸다. 선거가 끝났다는 감각이 늦게 도착한다는 점이다.

투표는 끝났지만, 모든 지역의 결과가 모이기까지 시간이 걸린다. 이 기간 동안 소문과 의혹이 퍼질 여지가 커진다. 결과가 "확정되지 않은 상태"로 보이는 시간이 길어질수록, 사람들은 자연스럽게 묻는다. "왜 이렇게 오래 걸리는가?"

여기서 공격 세력은 결과를 바꾸려 하지 않는다. 대신 기다림 자체를 의심으로 전환한다. 분산형 모델은 안전했지만, 시간을 설명하는 데 취약했다.

## 독일

### 지역 책임의 명확함, 해명의 어려움

독일 역시 선거 운영의 상당 부분을 지방 단위에 맡기는 분산형 구조를 가진다. 투표는 종이 중심이고, 개표는 지역에서 이루어진다. 이 방식은 투명성과 물리적 검증 가능성 면에서 높은 평가를 받는다. 개별 투표소 수준에서는 "무엇이 일어났는지"가 비교적 명확하다. 문제는 이 명확함이 전국 차원의 이야기로 자동 연결되지 않는다는 점이다.

선거가 끝난 뒤 제기되는 질문은 지역 단위에서는 답이 있지만, 전국 단위에서는 설명이 길어진다. "여기는 이렇게 했고, 저기는 저렇게 했다"는 설명은 사실이지만, 공격 주체는 이 차이를 "일관성 부족"으로 재해석한다.

독일 사례는 분산형 모델에서 책임은 분명하지만, 내러티브는 분산된다는 점을 보여준다. 각 지역은 책임을 지지만, "누가 전체를 설명하는가"라는 질문은 남는다.

## 세 가지 사례가 공통으로 보여주는 구조적 패턴

이 세 국가는 정치 문화도, 선거 방식도 다르다. 그럼에도 분산형 모델이 드러낸 취약점은 놀라울 정도로 닮아 있다.

**결과 조작은 어렵다**
→ 분산은 기술적·물리적 방어에 강하다

**과정 설명은 복잡해진다**
→ 다양성은 투명성으로 자동 변환되지 않는다

**책임은 존재하지만, 체감되지 않는다**
→ "누가 책임지는가"보다 "누가 설명하는가"가 더 중요해진다

그래서 분산형 모델의 약점은 단일 서버가 아니다. 단일 이야기의 부재다. 분산은 결과를 지키지만, 신뢰를 하나로 묶어주지 않는다. 그 틈에서 공격 주체는 묻는다.

"이렇게 다 다른데, 무엇을 믿어야 하는가?"

이 질문에 답하지 못하는 순간, 분산형 모델의 강점은 오히려 약점이 된다.

# 전자투표 중심 국가

– 효율성 vs 투명성 설명의 부담

전자투표 중심 모델은 약속으로 시작한다. 빠르고, 정확하며, 현대적이라는 약속이다. 투표는 버튼 하나로 끝나고, 개표는 즉시 이루어지며, 결과는 몇 시간 안에 확정된다. 종이를 인쇄하고 옮기고 보관하는 과정은 사라지고, 인적 오류의 가능성도 줄어든다. 이 모델이 처음 도입될 때 많은 국가는 그것을 민주주의의 진보로 보았다.

실제로 효율성은 압도적이다. 선거는 매끄럽게 끝나고, 장시간의 개표 지연이나 물리적 분쟁은 거의 발생하지 않는다. 행정 비용은 줄어들고, 선거 관리의 부담도 감소한다. 선거 당국 입장에서 전자투표는 가장 관리하기 쉬운 제도에 가깝다. 그러나 이 효율성은 곧바로 다른 질문을 불러온다.

**"우리는 무엇을 보고 믿어야 하는가?"**

전자투표의 가장 큰 특징은, 투표와 집계의 핵심 과정이 사람의 눈에서 사라진다는 점이다. 종이 투표에서는 시민이 직접 표를 찍고, 봉인된 상자를 보고, 개표 장면을 상상할 수 있다. 반면 전자투표에서는 결과가 숫자로 나타난다. 그 숫자가 어떻게 만들어졌는지는 설명으로만 전달된다.

이 순간부터 투명성은 절차의 문제가 아니라 설명의 문제가 된다. 대표적인 사례가 브라질이다. 브라질은 전국적으로 전자투표를 시행하는 가장 큰 민주국가 중 하나다. 투표는 빠르고, 개표는 즉각적이며, 전국 결과는 선거 당일 밤에 확정된다. 행정적으로는 매우 성공적인 모델이다.

그럼에도 브라질에서 선거를 둘러싼 논쟁은 반복된다. 그 논쟁의 초점은 특정 지역의 부정이 아니라, 전자투표 시스템 전체를 신뢰할 수 있는가라는 질문이다. 시스템이 전국적으로 통일되어 있기 때문에, 단 하나의 의심이 곧바로 전국 선거 전체에 대한 의심으로 확장된다. 전자투표의 장점이었던 통일성이, 그대로 단일 실패 인식 지점이 된다.

브라질 선거 당국은 반복해서 시스템의 안전성과 검증 절차를 설명해 왔다. 그러나 설명은 언제나 기술 언어로 이루어진다. 암호화, 무결성, 테스트, 감사. 이 설명은 전문가에게는 충분할지 몰라도, 시민에게는 직관적이지 않다. 그 결과, 불신은 "증거"가 아니라 이해 불가능성에서 자란다.

이 문제는 더 극단적인 사례에서도 드러난다. 에스토니아는 세계 최초로 전국 단위 인터넷 투표를 도입한 국가다. 에스토니아의 i-Voting 시스템은 기술적으로 정교하고, 다층적 보안 설계를 갖추고 있으며, 국제적으로도 자주 인용된다.

그러나 에스토니아의 전자투표는 늘 하나의 전제를 요구한다. 시민이 시스템을 이해하거나, 이해하지 못해도 신뢰해야 한다는 전제다. 투표는 개인의 컴퓨터와 네트워크를 거쳐 서버로 전송되고, 그 과정은 대부분의 시민이 직접 확인할 수 없다. 그래서 에스토니아의 선거 신뢰는 투표 과정의 가시성보다, 국가·기관·전문가에 대한 장기적 신뢰에 의존한다.

이 구조는 평상시에는 매우 안정적이다. 그러나 불신이 싹트는 순간, 방어는 어렵다. 전자투표는 "눈으로 확인할 수 있는 장면"을 제공하지 않기 때문이다. 의심이 제기되면, 반박은 늘 복잡한 설명으로 돌아온다. 그리고 이 설명의 복잡함은 공격 주체에게 또 다른 기회를 준다. "이렇게 설명이 길어야 한다는 것 자체가 수상하지 않은가"라는 질문이 등장한다.

전자투표 중심 모델의 취약점은 바로 여기 있다. 결과는 빠르지만, 설득은 느리다. 시각적·물리적 증거가 부족한 구조에서는, 선거의 정당성이 사후 설명에 크게 의존한다. 이 설명이 정치화되거나 공격받을 경우, 제도 전체가 방어 태세에 들어간다. 공격 주체는 투표기를 해킹하지 않아도 된다. "설명을 믿을 수 없다"는 감정만 퍼뜨리면 충분하다. 그래서 전자투표 중심 국가에서 선거 위협은 이렇게 나타난다.

"결과가 너무 빨리 나왔다"

"어디서 어떻게 검증했는지 보이지 않는다"

"전문가만 이해하는 시스템이다"

이 주장들이 사실일 필요는 없다. 중요한 것은, 시민이 체감하는 투명성이다. 전자투표는 효율을 극대화하는 대신, 투명성을 '보는 것'이 아니라 '듣는 것'으로 바꾼다. 그 순간, 신뢰는 기술이 아니라 설명 능력에 매달린다.

필자가 전자투표 모델을 실패로 규정하지 않는 이유도 여기에 있다. 이 모델은 실제로 많은 문제를 해결했다. 그러나 현대의 선거 위협은 기술적 취약점을 노리지 않는다. 이해의 격차를 노린다. 그리고 전자투표는 그 격차가 가장 쉽게 생기는 구조다. 결국 전자투표 중심 국가의 핵심 질문은 이것이다.

"우리는 얼마나 효율적인가"가 아니라,

"우리는 얼마나 설득할 수 있는가."

## 전자투표 중심 국가 사례

### 브라질

전국 단일 전자투표 + 즉시 개표

전국적으로 전자투표기 사용

선거 당일 밤 결과 확정

중앙 선거법원이 강하게 관리

효율성의 극단

"결과는 빠르고 명확하지만, 설명은 기술에 의존"

단일 시스템 = 단일 의심 지점

"시스템 전체를 믿을 수 있는가?"라는 질문이 선거 전체를 흔듦

**– 전자투표 모델의 가장 교과서적 사례**

### 에스토니아

인터넷 투표(i-Voting)의 선구자

세계 최초 전국 단위 인터넷 투표

디지털 신분증 기반

투표 변경 가능(최종 선택 반영)

기술 신뢰 기반 민주주의

투표 과정이 시민의 눈에서 완전히 사라짐

"보이지 않는 투표"의 한계

신뢰가 제도·국가·전문가에 장기적으로 축적되어야만 작동

– 전자투표가 "설명 없이는 유지될 수 없는" 구조임을 보여주는 사례


## 인도

전자투표기(EVM) + 대규모 분산 운용

전자투표기(EVM) 전국 사용

세계 최대 규모 유권자

일부 지역에서 종이 검증(VVPAT) 병행

효율성 없이는 불가능한 선거

동시에 반복되는 기술 불신 논쟁

전자투표가 '논리적 불신'보다 '정치적 불신'에 취약함을 보여줌

결과보다 "기계가 믿을 만한가"가 쟁점화

– 전자투표가 "필요해서 도입된 경우"에도 신뢰 부담을 안는다는 증거


## 벨기에

전자투표 + 지역별 혼합 모델

일부 지역 전자투표, 일부 종이

지역마다 다른 방식 공존

전자투표의 과도기 모델

방식의 혼합이 오히려 설명 부담을 키우는 경우

"왜 여긴 전자고, 저긴 종이인가?"라는 질문

– 전자투표가 '부분 도입'되어도 신뢰 논쟁이 발생함을 보여주는 사례

## 베네수엘라

전자투표 + 중앙집중 + 정치적 불신

전자투표 시스템 사용

중앙 권력과 강하게 결합

문제는 기술이 아니라 정치적 신뢰

전자투표가 신뢰 없는 환경에서는 '정당성 붕괴'의 촉매가 된다

민주주의 붕괴 사례로만 사용(모범 사례 아님)

- "전자투표 = 위험"이 아니라 "신뢰 없는 전자투표 = 위험"

# 종이·수기 중심 국가

– 절차 신뢰는 강함, 속도·오해 문제

종이와 손으로 치르는 선거는 느리다. 투표지는 인쇄되고 봉인되고 사람의 손으로 하나하나 카운트된다. 개표소에는 참관인이 서 있고, 표는 공개된 공간에서 펼쳐진다. 이 과정은 번거롭고 시간이 걸린다. 하지만 바로 그 번거로움이 이 모델의 핵심 자산이다.

종이·수기 중심 모델의 가장 큰 강점은 절차가 보인다는 점이다. 유권자는 투표지를 직접 만지고, 개표는 눈앞에서 이루어진다. 설명이 필요 없고, 기술적 전문성에 의존하지 않는다. 신뢰는 장치가 아니라 과정의 가시성에서 나온다.

이 특징은 독일에서 잘 드러난다. 독일은 종이 투표와 수기 개표를 기본으로 유지해 왔다. 개표는 지역 단위에서 공개적으로 진행되고, 결과는 단계적으로 집계된다. 이 방식은 속도가 느리지만, 결과에 대한 납득 가능성은 높다. 실제로 독일에서 선거 논쟁은 "표가 바뀌었는가"보다 "절차가 제대로 지켜졌는가"에 집중된다. 절차가 눈에 보이기 때문에, 신뢰의 근거도 명확하다.

그러나 이 모델의 장점은 동시에 한계를 낳는다. 느림이다. 결과는 즉시 나오지 않는다. 지역별 집계가 끝나야 전국 결과가 모이고, 인증까지 시간이 걸린다. 이 시간차는 평상시에는 문제되지 않지만, 경쟁이 치열하거나 정치적 긴장이 높은 선거에서는 오해의 공간이 된다.

일본의 사례가 이를 보여준다. 일본 역시 종이 투표와 수기 개표를 기본으로 한다. 개표는 밤늦게까지 이어지고, 언론은 "확정"이 아니라 "추정"이라는 표현을 사용한다. 이 체계는 오랜 시간 사회적 신뢰를 받아 왔지만, 결과가 늦어질수록 "왜 아직 확정되지 않는가"라는 질문이 반복된다. 여기서 오해는 기술이 아니라 기다림에서 생긴다.

이 기다림은 공격 주체에게는 기회가 된다. 결과가 완전히 나오기 전의 시간은 "아직 끝나지 않았다"는 감각을 만든다. 종이·수기 모델은 조작에 강하지만, 시간 관리에는 취약하다. 그 시간 동안 소문과 추측이 퍼질 수 있다.

이 모델의 또 다른 대표 사례는 영국이다. 영국은 종이 투표와 수기 개표를 유지하며, 개표 과정은 공개적이다. 신뢰의 근거는 기술이 아니라 관행과 공개성이다. 다만 전국 단위의 결과가 집계되는 동안, 지역별 결과가 먼저 알려지면서 조각난 이야기가 만들어진다. 이 조각들은 언론의 해석과 결합되어, 전체 맥락이 완성되기 전까지 다양한 추측을 낳는다.

종이·수기 중심 모델에서 발생하는 오해는 대개 의도 없는 오해다. 시스템은 안전하지만, 사람들은 기다리는 데 익숙하지 않다. 빠른 결과에 길들여진 환경에서, 느린 절차는 비정상처럼 보일 수 있다. 이때 "느리다"는 사실은 "문제가 있다"는 해석으로 바뀌기 쉽다. 그래서 이 모델의 방어선은 기술이 아니라 기대 관리다. 시민이 "느림이 정상"이라는 점을 알고 있을수록, 신뢰는 유지된다. 반대로 그 기대가 무너지면, 절차의 장점은 설명되지 않은 채 단점만 부각된다. 종이·수기 중심 국가들의 공통점은 분명하다.

*결과를 바꾸기는 어렵다*
*절차를 눈으로 확인할 수 있다*
*신뢰는 과정에서 나온다*
*그러나 결과가 늦다*
*설명이 없으면 오해가 생긴다*
*기다림이 공격의 재료가 된다*

이 모델은 그래서 가장 '고전적인 민주주의'에 가깝지만, 현대의 정보 환경에서는 새로운 도전에 직면한다. 속도가 곧 정상으로 인식되는 시대에, 느림은 스스로를 설명해야 한다. 결국 종이·수기 중심 모델의 질문은 이것이다. 우리는 얼마나 빨리 결과를 원하는가, 그리고 그 속도를 위해 무엇을 포기할 준비가 되어 있는가? 이 질문에 대한 답이 달라질수록 같은 제도도 다른 평가를 받는다. 그리고 바로 그 지점에서, 선거의 위협은 다시 기술이 아닌 인식의 문제로 돌아온다.

## 종이·수기 중심 선거 모델

사례가 되는 국가 리스트

– 절차 신뢰는 강하지만, 속도와 해석의 취약점이 반복되는 구조

## 독일

종이 투표 + 수기 개표

지역 단위 공개 개표, 참관 가능

절차 가시성이 매우 높음

기술 조작 논쟁이 거의 발생하지 않음

**결과 발표가 단계적으로 이루어져 속도 논쟁 및 "왜 아직 완결되지 않았는가"라는 질문 발생 가능**

## 일본

종이 투표 + 수기 개표

언론의 '추정(推定) / 확정(確定)' 구분 문화

오랜 제도 신뢰와 관행이 정당성의 핵심

개표 지연 시 기다림 자체가 불안으로 전환

**"왜 아직 확정되지 않는가"라는 의문 반복**

**영국**

종이 투표 + 수기 개표

지역별 집계 후 전국 단위 합산

절차적 투명성과 관행 중심의 신뢰

지역별 결과가 먼저 공개되며 조각난 결과 해석이 언론·SNS를 통해 확산

**캐나다**

종이 투표 중심

전자 장비는 보조 수단으로만 사용

신뢰의 근거가 기술이 아니라 절차·관행·공개성

대규모 우편투표·사전투표 결합 시 집계 시간 증가

**"왜 이렇게 오래 걸리는가"라는 설명 부담**

**핀란드**

종이 투표 + 공개 개표

기술 의존 최소화

높은 제도 신뢰, 선거 절차가 일상화된 정치 문화

**정확성 우선 원칙으로 속도 중심의 현대 미디어 환경과 긴장**

## 스위스

종이 투표 중심

국민투표·직접민주주의 빈번

절차 신뢰가 정치 문화로 내재

투표 자체가 '일상적 행위'

다수 투표가 동시에 진행될 경우 결과 발표 지연

**해석의 공백 발생 가능**


## 이탈리아

종이 투표 + 수기 개표

행정 단위별 집계

물리적 절차 중심의 전통적 모델

**개표 지연·행정 혼선이 의혹과 음모론으로 확대되기 쉬움**


## 대만

종이 투표 + 수기 개표

투표 종료 후 즉시 공개 개표

전자투표·전자개표 미사용

절차 가시성이 극대화된 모델

"눈으로 확인 가능한 민주주의"의 대표 사례

제도 내부가 아니라 외부 정보전·서사 공격에 지속적으로 노출

**공격은 결과가 아닌 선거의 자율성과 정체성을 겨냥**

# 한국은 어디에 속하는가?

→ 전자 개표 중심의 분산 관리 모델

## 효율성은 전자에, 정당성은 제도에 기대는 구조

한국의 선거 제도를 둘러싼 논의를 출발점에서 바로잡을 필요가 있다. 한국은 흔히 '전자선거 국가'로 오해되지만, 엄밀히 말해 이는 사실과 다르다. 한국의 유권자는 인터넷이나 전자투표기를 통해 선택을 입력하지 않는다. 모든 유권자는 종이 투표용지에 직접 기표하며, 투표 행위 그 자체는 전적으로 아날로그 방식으로 이루어진다. 따라서 한국은 에스토니아식 인터넷 투표(i-Voting) 국가도 아니고, 브라질처럼 전자투표기(EVM)를 사용하는 국가도 아니다. 한국 선거의 핵심 구조는 '종이 투표와 전자 개표의 결합'에 있다. 선택의 단계는 수기와 물리적 증거에 기반하고, 집계의 단계에서만 전자 장비가 활용된다. 이 점에서 한국은 전자투표 중심 국가가 아니라, 정확히 말해 전자 개표 중심 국가로 분류하는 것이 타당하다.

운영 구조만 놓고 보면 한국의 선거 시스템은 분산형 모델의 장점을 상당 부분 갖추고 있다. 투표는 전국 수만 개의 투표소에서 동시에 이루어지고, 개표 역시 지역 단위 개표소에서 진행된다. 각 단계에는 정당 추천 참관인과 일반 참관인이 참여하며, 개표 과정은 공개 절차로 설계되어 있다. 단일 서버나 단일 장비가 선거 전체의 결과를 좌우하는 구조가 아니기 때문에, 특정 지점의 조작만으로 전국 단위의 결과를 왜곡하는 것은 구조적으로 매우 어렵다. 이러한 점에서 한국의 선거 운영 방식은 중앙집중형 시스템이 갖는 기술적 위험을 상당 부분 회피하고 있다고 평가할 수 있다.

그러나 문제는 운영 구조가 아니라 '설명 구조'에 있다. 투표와 개표가 분산되어 있음에도 불구하고, 선거 결과의 정당성을 뒷받침하는 설명과 해석의 권한은 중앙에 집중되어 있다. 전자 개표 장비의 작동 방식, 오류 가능성, 검증 절차에 대한 기술적 설명은 중앙선거관리위원회의 발표와 해석에 크게 의존한다. 법적·행정적으로 "문제 없음"이라는 선언이 반복되지만, 그 선언을 뒷받침하는 기술적·절차적 설명은 일반 유권자에게 직관적으로 이해되기 어렵다. 결과적으로 선거의 신뢰는 분산된 절차 그 자체보다는, 중앙선관위의 설명을 얼마나 신뢰할 수 있는가라는 질문으로 수렴된다. 이 지점에서 한국은 분산형 모델의 외형을 유지하면서도, 중앙집중형 모델이 갖는 신뢰 취약성을 부분적으로 공유하게 된다.

이러한 구조는 한국 선거 논쟁의 성격을 규정한다. 한국에서 반복되는 논란의 핵심은 '조작 가능성' 그 자체라기보다 '설명 가능성'의 문제에 가깝다. 논쟁은 대체로 명확한 물증의 제시보다는 "설명이 납득되지 않는다" "왜 이렇게 과정이 복잡한가" "우리는 실제로 무엇을 볼 수 있었는가"라는 질문으로 전개된다. 다시 말해 쟁점은 결과의 이상 여부보다 과정에 대한 이해와 설명의 실패에 있다. 이러한 특징 때문에 한국의 사례는 브라질처럼 전자 시스템 전체에 대한 급진적 불신으로 향하기보다는, 미국에서 나타나는 논쟁과 유사하게 절차의 복잡성, 기술적 불투명성, 그리고 설명의 설득력 부족이 정치적·사회적 쟁점으로 부각되는 유형에 더 가깝다고 할 수 있다.

결국 한국 선거 제도의 핵심 긴장은 "조작이 가능한가"라는 질문보다 "설명이 충분히 가능한가"라는 질문에서 발생한다. 이 긴장을 어떻게 완화할 것인가는 기술의 문제가 아니라, 공개성·이해 가능성·설명 책임을 어떻게 제도화할 것인가라는 정치적·제도적 과제로 귀결된다.

## B. 트럼프의 말말말<sup>(Truth Social)</sup>

트럼프의 「트루스 소셜」 발언은 **부정선거의 증거라기보다는 '신뢰 붕괴가 정치적 자산이 되는 순간'**을 보여준다. 그는 공격의 시작점이 아니라 공격이 제도 내부에서 완성되는 지점이다. 이 책에서 트럼프는 비난의 대상이 아니라 민주주의가 어떻게 자신을 소진하는지 보여주는 사례다. 남발하는 수준처럼 보인다.

01 (2026-01-19)

"Rigged Elections … 2020 … Granddaddy"

"조작된 선거는 흔하다 … 2020년 대통령 선거 … 그중에서도 가장 큰 사례 …"

02 (2025-11-23)

"We must focus … on ELECTION FRAUD!!"

"우리는 우리의 모든 에너지와 역량을 선거 부정에 집중해야 한다!!"

03 (2025-11-23)

"If 2020 … not RIGGED & STOLEN …"

"만약 2020년 대통령 선거가 조작되고 도둑맞은 것이 아니라면 …"

04 (2025-10-26)

"Rigged and Stolen … biggest SCANDAL … DOJ pursue …"

"2020년 선거는 조작되고 도둑맞았다 … 최대의 스캔들… 법무부가 추적해야 할 사안 …"

05 (2025-07-12)

"The 2020 Election was Rigged and Stolen ⋯ tried 2024 ⋯"

"2020년 선거는 조작되고 도둑맞았다 ⋯ 그리고 2024년에도 그렇게 하려 했다 ⋯"


06 (2025-04-28)

"Investigated for ELECTION FRAUD"

"이 사람들은 선거 사기에 대해 조사받아야 한다 ⋯"


07 (2025-08-04)

"Job's Report was RIGGED ⋯ like ⋯ Election ⋯"

"고용 보고서는 조작되었다 ⋯ 대통령 선거가 그랬던 것처럼 ⋯"


08 (2025-08-01)

"Jobs Numbers were RIGGED ⋯ around 2024 ⋯"

"일자리 수치는 조작되었다 ⋯ 2024년 대통령 선거 전후로 ⋯"


09 (2025-11-07)

"Big News. A Rigged Election!"

"큰 소식. 조작된 선거!"


10 (2025-05-17)

"2020 ⋯ RIGGED AND STOLEN!"

"2020년 대통령 선거는 조작되고 도둑맞았다!"

11 (2025-12-31)

"There is more FRAUD … add in Election Fraud …"

"더 많은 사기가 있다 … 여기에 선거 사기를 더하면 …"


12 (2024-03-07)

"Rigged Election"

"그들은 … 총을 갖고 있지 않았다. 그들이 가진 것은 조작된 선거뿐이었다."


13 (2024-06-26)

"RIGGED ELECTION!"

"조작된 선거!"


14 (2023-11-22)

"RIGGED PRESIDENTIAL ELECTION OF 2020 …"

"조작된 2020년 대통령 선거 …"


15 (2023-02-21)

"The Election of 2020 was Rigged and Stolen …"

"2020년 선거는 조작되고 도둑맞았다 …"


16 (2022-11-01)

"Here we go again! Rigged Election!"

"또다시 시작이다! 조작된 선거!"

17 (2022-08-31)

## "Irrefutably Compromised, Rigged, and Stolen!"

"그 선거는 반박 불가능하게 훼손되었고, 조작되었으며, 도둑맞았다!"


18 (2022-07-22)

## "I had an election Rigged and Stolen ⋯"

"나는 선거를 조작당하고 도둑맞았다⋯"


19 (2022-06-21)

## "A 'PERFECT' PHONE CALL ⋯ Rigged and Stolen Election ⋯"

"'완벽한' 전화 통화 ⋯ 조작되고 도둑맞은 선거 ⋯"


20 (2022-06-09)

## "Election Fraud and Irregularities ⋯ massive scale"

"선거 사기와 불규칙성 ⋯ 대규모로 ⋯"

# C. 1차 자료 발췌<sub>(선별, 원문 인용)</sub>

정부 및 정보기관 공식 기록

## 1. 국가정보국장실<sup>(ODNI, Office of the Director of National Intelligence)</sup>

"국경 밖에서 작동하는 개입 주체들—특히 러시아, 이란, 중국—은 미국의 민주적 제도에 대한 신뢰를 약화시키기 위해 분열적인 서사를 부추기려는 의도를 여전히 유지하고 있다."

"현재까지 정보공동체는 어떠한 국경 밖에서 작동하는 개입 주체도 선거 행정의 무결성을 훼손하려는 의도를 가지고 있다는 정보를 보유하고 있지 않다. 설령 그러한 시도를 하기로 결정한다 하더라도, 국경 밖에서 작동하는 개입 주체들이 은밀히 선거 결과에 중대한 영향을 미칠 수 있을 정도의 규모로 선거 절차를 조작하는 것은 거의 불가능할 것이다."

"정보공동체는 외국의 영향 공작이 선거일 이후에도 계속될 것으로 예상하며, 여기에는 선거 결과에 의문을 제기하고 민주적 제도에 대한 신뢰를 약화시키려는 시도가 포함된다."

문서 주석: ODNI 선거 보안 업데이트, 공개 자료, 2024년 10월.

## 2. 국가정보위원회<sup></sup>(NIC, National Intelligence Council)

기밀 해제 평가_투표 종료 이후 미국 선거에 대한 외국 위협

*"외국의 적대 세력들은 개표, 결과 인증, 선거인단 절차를 포함한 선거 이후 국면에서 신뢰를 약화시킬 수 있는 기회를 인식할 가능성이 높다."*

*"적대 세력들은 투표 수를 변경하려는 직접적·파괴적인 공격은, 탐지 없이 수행하기 어렵고 보복의 위험이 크기 때문에, 대체로 자제할 가능성이 높다."*

*"대신, 적대 세력들은 불확실성을 활용하고 선거 결과의 정당성에 대한 의심을 증폭시키는 정보 작전에 집중할 수 있다."*

*"선거일과 취임식 사이의 기간은 일련의 법적·행정적 기한들로 구성되어 있으며, 이 과정이 교란되거나 정당성을 훼손당할 경우 공공의 신뢰에 연쇄적인 영향을 미칠 수 있다."*

문서 주석: NIC 메모랜덤, 2024년 10월 기밀 해제. 정책 지침이 아닌 분석 평가 문서임.

## 3. 사이버보안 및 기반시설 보안국<sup>(CISA)</sup>

선거 기반시설 보안에 관한 성명

*"어떠한 투표 시스템도 표를 삭제하거나 분실하거나, 표를 변경하거나, 그 어떤 방식으로든 훼손되었다는 증거는 없다."*

*"전국의 선거 기반시설은 그 어느 때보다도 안전하다."*

*"다만, 선거 시스템이 정상적으로 작동하더라도 오정보와 허위정보는 공공의 신뢰를 약화시킬 수 있다."*

*"CISA는 선거 전·중·후 전 과정에 걸쳐 복원력을 확보하기 위해 주 및 지방 선거 관리 당국과의 협력을 지속할 것이다."*

문서 주석: CISA 선거 기반시설 보안 자료집 / 공개 성명, 2020년 9~11월.

## 4. 국토안보부<sup>(DHS, Department of Homeland Security)</sup>

감찰관 보고서 – 선거 기반시설 및 허위정보

*"국토안보부는 선거 기반시설의 보안을 강화해 왔으나, 선거 관련 허위정보에 대응하는 역할은 축소되어 공공 신뢰 위험을 다루는 데 어려움이 발생하고 있다."*

"부처는 민감한 시스템을 보호해야 할 필요성과, 공공의 신뢰를 유지하기 위해 충분한 투명성을 제공해야 할 필요성 사이에서 본질적인 긴장 관계에 직면해 있다."

"선거 보안에 대해 효과적으로 소통하지 못할 경우, 시스템 훼손이 없는 상황에서도 오인과 오해가 심화될 수 있다."

문서 주석: 국토안보부 감찰관실(OIG) 비기밀 보고서, 2024년 9월.

## 5. 관계기관 공동 성명<sup>(ODNI·FBI·CISA)</sup>

러시아의 선거 영향 공작에 관하여

"러시아의 영향 공작 행위자들은 미국 선거의 무결성에 대한 신뢰를 약화시키기 위해 설계된 미디어 콘텐츠를 제작·유포하였다."

"이러한 활동은 미국 선거의 정당성에 대해 근거 없는 의문을 제기하고, 미국 사회 내부의 분열을 부추기려는 모스크바의 보다 광범위한 노력의 일부다."

"우리는 외국의 영향 공작 행위자들이 선거 이후 수주 및 수개월에 걸쳐 민주적 절차에 대한 신뢰를 훼손하는 것을 목표로 한 콘텐츠를 계속해서 공개할 것으로 예상한다."

문서 주석: ODNI-FBI-CISA 공동 보도자료, 2024년 11월 1일.

# 참고문헌<sup>References</sup>

## I. 미국 정부·정보기관 공식 문서

**Office of the Director of National Intelligence(ODNI).**
*Assessing Russian Activities and Intentions in Recent U.S. Elections.*
Intelligence Community Assessment(ICA), January 6, 2017.

**Office of the Director of National Intelligence(ODNI).**
*Election Security Update as of Late October 2024.*
October 21, 2024.

**Office of the Director of National Intelligence, Federal Bureau of Investigation, Cybersecurity and Infrastructure Security Agency(ODNI, FBI, CISA).**
*Joint Statement on Russian Election Influence Efforts.*
November 1, 2024.

**Cybersecurity and Infrastructure Security Agency(CISA).**
*Election Security Resource Library and Guides.*
2020—2024.

**U.S. Department of Homeland Security(DHS).**
*Designation of Election Infrastructure as Critical Infrastructure.*
January 2017.

## II. 미 상원 정보위원회 보고서(SSCI)

**U.S. Senate Select Committee on Intelligence.**
*Russian Active Measures Campaigns and Interference in the*
*2016 U.S. Election.*

*Volume 1:* Russian Efforts Against Election Infrastructure
*Volume 2:* Russia's Use of Social Media
*Volume 3:* U.S. Government Response to Russian Activities
*Volume 4:* Review of the Intelligence Community Assessment
116th Congress, 2019—2020.

## III. 법무부·사법 관련 문서

**U.S. Department of Justice.**
Indictment: United States v. Internet Research Agency et al.
Case No. 1:18-cr-00032(D.D.C.), February 16, 2018.
U.S. Department of Justice.
Grand Jury Indicts 12 Russian Intelligence Officers for Hacking
Offenses Related to the 2016 Election.
July 13, 2018.
U.S. Department of Justice.
Federal Election Crimes: An Overview.

# IV. 국토안보부 감찰·감사 보고서

**U.S. Department of Homeland Security, Office of Inspector General(OIG).**
*Election Security: DHS's Efforts to Counter Foreign Influence.*
OIG-21-01, October 2020.

**U.S. Department of Homeland Security, Office of Inspector General(OIG).**
*DHS Preparedness for 2024 Elections.*
OIG-24-52, September 2024.

# V. 정책·연구·의회 분석 자료

**Congressional Research Service(CRS).**
*Foreign Interference in U.S. Elections: Issues and Policy Responses.*
R46974.

**Council on Foreign Relations(CFR).**
*Foreign Influence, Democracy, and Governance.*

**European Parliamentary Research Service(EPRS).**
*Foreign Interference and Disinformation.*
2020.

**Alliance for Securing Democracy.**
*What We Know About Russia's Interference Operations.*


# VI. 선거 인프라·보안 기술 관련 문서


**U.S. Election Assistance Commission(EAC).**
*Risk Management for Electronic Ballot Delivery, Marking, and Return.*

**Cybersecurity & Infrastructure Security Agency(CISA).**
*Election Infrastructure Security Resource Guide.*

# 용어해설

### 가시성<sup>(Visibility)</sup>
유권자가 선거 절차를 직접 보거나 직관적으로 이해할 수 있는 정도. 투명성과는 구별되며, '설명이 필요 없는 신뢰'의 핵심 요소로 작동한다.

### 감사<sup>(Audit)</sup>
선거 후 결과가 정확한지 확인하기 위한 점검 절차.

### 검증 가능성<sup>(Verifiability)</sup>
결과가 맞다는 주장을 독립적으로 확인할 수 있는 성질.

### 결과 수용<sup>(Result Acceptance)</sup>
선거에서 패배한 쪽과 그 지지자들이 결과를 정당한 것으로 받아들이고 제도 내 경쟁을 지속하는 태도. 민주주의가 작동하기 위한 핵심 비공식 조건.

### 결론 유예 전략<sup>(Deferred Conclusion Strategy)</sup>
결과가 틀렸다고 단정하지 않으면서도, 결론에 도달하지 못하게 만드는 전략. "아직 검증이 끝나지 않았다"는 상태를 지속시킨다.

**기반시설**(핵심 인프라)<sup>(Critical Infrastructure)</sup>

기능이 마비될 경우 국가 안전·경제·공중보건에 중대한 타격을 주는 시스템.

**기소**<sup>(Indictment)</sup>

검찰이 특정 행위를 범죄로 보고 법원에 공소 제기하는 절차(대배심 기소 포함).

**기밀/기밀해제**<sup>(Classified / Unclassified)</sup>

공개 시 국가안보에 해가 될 수 있어 접근을 제한하는 정보(기밀), 혹은 공개 가능한 정보(기밀해제).

**내러티브 전쟁**<sup>(Narrative Warfare)</sup>

사실의 정확성보다 이야기가 어떤 의미로 묶이느냐를 둘러싼 경쟁. 선거 결과를 둘러싼 해석·맥락·상징을 장악하는 것이 목표다.

**네트워크 정찰**<sup>(Reconnaissance)</sup> **/ 스캐닝**<sup>(Scanning)</sup>

시스템 침투 전 단계로, 취약점·구조·접근 경로를 탐색하는 활동.

**단일 실패 인식 지점**<sup>(Single Point of Distrust)</sup>

기술적 단일 실패 지점<sup>(SPOF)</sup>과 달리, 신뢰가 집중된 하나의 기관·설명·판단이 흔들릴 경우 전체 선거 정당성이 함께 흔들리는 구조적 취약점.

**"더러운 일**<sup>(Dirty Work)</sup>**" 논리**

정부의 공개 경고가 오히려 적의 목적(불신 조성)을 돕는다는 우려.

## 딥페이크<sup>(Deepfake)</sup> / 합성미디어<sup>(Synthetic Media)</sup>

AI로 생성·조작한 영상/음성 등 '진짜처럼 보이는' 콘텐츠.

## 디도스<sup>(DDoS, Distributed Denial of Service)</sup>

대량 트래픽으로 웹사이트 등을 마비시켜 접근을 어렵게 만드는 공격.

## 디지털 임프린트<sup>(Digital Imprint)</sup>

온라인 정치 광고/선거 자료에 "누가 만들고 비용을 댔는지"를 표시하는 장치.

## 말린포메이션<sup>(Malinformation)</sup>

사실이거나 일부 사실이지만, 맥락을 제거하거나 악의적으로 활용해 피해를 내는 정보.

## 메시지 증폭<sup>(Amplification)</sup>

콘텐츠의 도달 범위를 인위적으로 키우는 것(봇, 리트윗, 알고리즘 등).

## 민주주의 피로<sup>(Democratic Fatigue)</sup>

지속적인 의혹·논쟁·불복 담론으로 인해 시민이 판단을 포기하고 무관심 또는 냉소로 이동하는 상태. 정보전의 장기적 목표로 간주된다.

## 봇<sup>(Bot)</sup>

자동화된 계정/프로그램이 대량의 게시·댓글·좋아요·리트윗 등을 수행하는 것.

## 브리핑(Briefing)

정부·정보기관이 제한된 대상(의회 지도부, 주 선거 당국 등)에게 제공하는 상황 설명/평가 전달.

## 사후 정당성(Post-Election Legitimacy)

선거일 이후 감사·소송·인증·취임으로 이어지는 과정에서 형성되는 결과의 신뢰 상태. 공격이 가장 집중되는 국면으로 지목된다.

## 설명 비용(Explanation Cost)

선거 제도나 기술이 복잡할수록, 이를 시민에게 납득시키기 위해 요구되는 설명의 난이도와 부담. 설명 비용이 높을수록 불신 서사가 유리해진다.

## 설명 의존 신뢰(Explanation-Dependent Trust)

절차를 직접 확인하기보다, 기관·전문가·기술 설명을 신뢰해야만 유지되는 신뢰 형태. 전자 시스템 중심 모델에서 흔히 나타난다.

## 서사 차단(Narrative Denial)

특정 주장에 반박하는 것이 아니라, 그 주장이 설득력을 가질 무대를 제도적으로 제거하는 접근. 대만의 수개표 모델에서 두드러진 개념.

## 선거 이후 기간(Post-Election Period)

선거일 이후부터 인증·취임 등 정치적 전환이 완료될 때까지의 기간.

## 선거 인프라(Election Infrastructure)

유권자 등록 DB, 투표 시스템, 개표/집계 시스템, 결과 게시 시스템, 투표소·보관시설 등 선거 운영에 필요한 구성요소.

## 선거 행정(Election Administration)

유권자 등록, 투표소 운영, 투표지 배부, 집계, 감사, 인증까지 포함하는 전체 운영 체계.

## 소거/삭제(Deletion) vs 조작(Manipulation)

데이터가 사라지는 것과 내용이 바뀌는 것은 위험이 다름.

## 소셜 엔지니어링(Social Engineering)

사람을 속여 계정·시스템 접근을 얻는 기법(피싱 등).

## 스톡퍼펫(Sockpuppet, 인물 위장 계정)

진짜 사람인 것처럼 꾸민 가짜 계정(단일/다수 운영 가능).

## 스피어피싱(Spear-Phishing)

특정 개인/조직을 겨냥해 정교하게 설계된 피싱 공격.

## 신뢰 공격(Trust Attack)

투표 수나 제도 자체를 직접 훼손하지 않고, 선거 결과를 믿지 못하게 만드는 것을 목표로 하는 공격 유형. 정보전·허위정보·과정 왜곡을 통해 민주적 수용을 무력화한다.

### 애트리뷰션(Attribution)

사이버 공격·영향력 작전의 배후를 특정 주체(국가·조직·행위자)로 판단·귀속하는 과정.

### 영향력 공작(Influence Operation)

특정 집단의 인식·행동·정치를 바꾸기 위한 조직적 활동(국가/비국가).

### 오정보(Misinformation)

의도는 없지만 결과적으로 틀린 정보를 퍼뜨리는 행위/콘텐츠.

### 위험관리(Risk Management)

완벽한 예방이 아니라, 탐지·완화·복구를 통해 피해를 제한하는 접근.

### 유권자 등록 DB(Voter Registration Database)

유권자 자격을 관리하는 데이터베이스.

### 의심의 축적(Accumulation of Doubt)

단일한 결정적 증거 없이, 반복적·사소한 의문이 누적되며 형성되는 불신 상태. 정보전에서 가장 효율적인 전략 중 하나.

### 의혹의 자기증식(Self-Reinforcing Suspicion)

의혹이 제기되었다는 사실 자체가 또 다른 의혹의 근거로 작동하는 현상. 해명이 반복될수록 불신이 강화될 수 있다.

**인지 공격**(Cognitive Attack)

정보의 내용보다 사람의 판단 방식·피로·확신 형성을 겨냥하는 공격. 혼란, 유예, 판단 마비를 유도한다.

**인증**(Certification)

선거 결과를 법적으로 최종 확정하는 절차.

**정보공동체**(IC, Intelligence Community)

미국의 여러 정보기관을 포괄하는 집합(ODNI가 조정).

**정보전**(Information Warfare)

정보·서사·의심을 활용해 상대 사회의 판단과 결정을 흔드는 전략.

**적극공작**(Active Measures)

주로 소련/러시아 정보 전통에서 나온 개념으로, 상대 사회의 분열·불신을 키워 국가 역량을 약화시키는 비군사적 공작의 총칭.

**전사회적 대응**(Whole-of-Society Approach)

정부뿐 아니라 언론·플랫폼·시민사회·학계·민간이 함께 대응해야 한다는 접근.

**정당성 공격**(Legitimacy Attack)

선거 결과의 합법성 여부와 무관하게, 결과가 '받아들여질 수 있는가'를 흔드는 공격. 법적 절차는 유지되지만 사회적 승인(social acceptance)을 붕괴시키는 데 초점이 있다.

### 정치적 보상 구조<sup>(Political Incentive Structure)</sup>

선거 결과 불복이나 의혹 제기가 정치적으로 이득이 되는지 여부를 결정하는 환경. 불신 담론의 확산 여부를 좌우한다.

### 제한된 결론<sup>(Bounded Conclusion)</sup>

제도와 법이 확정할 수 있는 범위까지만 판단을 내리고, 그 너머의 불확실성은 인정하는 결론 방식. 정보기관·사법부 기록에서 반복되는 특징.

### 타깃팅<sup>(Targeting)</sup>

특정 집단/지역/관심사를 정밀하게 겨냥해 메시지를 배포하는 것.

### 트롤<sup>(Troll)</sup>

온라인에서 분노·갈등을 유발하기 위해 공격적/도발적 메시지를 생산하는 행위자.

### 투표 집계 시스템<sup>(Vote Tallying Systems)</sup>

실제 표를 합산·집계하는 시스템.

### 폴라리제이션<sup>(Polarization, 양극화)</sup>

사회가 정치적·문화적으로 양 끝으로 갈라지는 현상.

### 플랫폼<sup>(Platform)</sup>

소셜미디어/동영상/메시징 등 정보 유통 인프라.

**해킹-유출**(Hack-and-Leak)

침투로 자료를 훔친 뒤 공개 유포하여 정치·사회적 효과를 노리는 작전.

**허위정보**(Disinformation)

속이려는 의도를 갖고 만들어·유포되는 거짓/왜곡 정보.

**회복력**(Resilience)

공격·혼란이 있어도 시스템이 붕괴하지 않고 복구·수용·정상화되는 능력.

**핫버튼 이슈**(Hot-Button Issues)

사회적 감정이 강하게 반응하는 분열적 쟁점(인종, 이민, 총기 등).

**AI 음성 사칭**(Voice Cloning / Synthetic Voice)

특정 인물의 목소리를 학습해 유사 음성을 생성하는 기술.

**AI 합성 콘텐츠**(AI-Generated / AI-Enhanced Content)

생성형 AI로 만든(또는 AI로 편집·개선한) 이미지·영상·음성·텍스트.

**ALBERT 센서**(Albert Sensor)

주·지방 정부 네트워크에 설치되는 침입 탐지(IDS) 계열 센서(미국 공공 부문에서 널리 언급).

**EEI-ISAC**(Elections Infrastructure ISAC)

선거 인프라 관련 사이버 위협 정보를 공유하는 정보공유·분석 센터.

**MMS-ISAC**(Multi-State ISAC)

주·지방 정부 전반을 대상으로 하는 사이버 정보 공유 조직.


**OODNI**(Office of the Director of National Intelligence)

미국 정보공동체를 조정하는 조직.


**OIG**(Office of Inspector General)

각 부처의 감찰·감사 조직.


**SQL 인젝션**(SQL Injection)

웹 입력값을 악용해 데이터베이스 쿼리를 조작하는 공격 기법.


**TTPs**(Tactics, Techniques, Procedures)

공격자의 전술·기술·절차 패턴(이 방식은 누구의 스타일인가/판단 근거).

## GPT 5.2

OpenAI에서 개발한 인공지능 생성형 언어 모델. 다양한 언어와 주제를 다룰 수 있고 복잡한 문맥을 이해할 수 있다. 2023년까지의 학습 데이터를 바탕으로 작동하지만 인터넷 검색 기능을 통해 최신 정보도 확인할 수 있다. 문서 작성, 번역, 코딩, 연구 지원 등 다양한 작업을 돕는 데 특화되어 있으며 창의적인 스토리텔링과 아이디어 브레인스토밍도 가능하다.

## 임영웅 옮김

전문 출판 번역작가. 부천 출생. 다양한 서적 번역과 출판 활동을 통해 독자들에게 다양한 지식을 전달하고 있다. 사립대학 서양어문학부를 졸업, 어학 교육 분야에서 경력을 쌓았으며 번역가로 전업해 다수의 외서를 우리글로 옮겼다. 대표작으로는 『결정적 순간의 대면』, 『당신도 성공할 수 있다』, 등이 있다.